Wir sind auf einem großen Klärungskurs

„Mag sein, dass es später einmal gelingt, solche Prozesse, die sich heute in uns und um uns nicht viel anders als Naturereignisse vollziehen und denen wir auch gegenüberstehen wie mittelalterliche Menschen den Naturkräften, durch ein klareres Verständnis einer bewussteren Lenkung zugänglich zu machen."

Norbert Elias, Der Prozess der Zivilisation [1]

Der Menschheit gewidmet

Auf dass ein tieferes Verständnis der Dinge
Uns zu Unserem Frieden gereichen möge.

---

[1] Norbert Elias, Der Prozess der Zivilisation, Erster Band, Suhrkamp Taschenbuch, Frankfurt/Main, 1976, S. LXXX; Erstausgabe Basel 1939 (Zeichensetzung hier durch Hrsg. leicht geändert).

Ona Radtke

Wir sind auf einem großen Klärungskurs

Überbevölkerung als globales Menschheitsproblem

Berlin 2012

© 2012 by Christine Radtke und Theodore Radtke,
Deutsche Erstausgabe Berlin 2012

E-mail: klaerungskurs@yahoo.de
Internet: www.onaradtke.de

Bildnachweis: Familie Radtke, Vera Dreyer, Thorben Kruse, Anke Hemmerling, Klaus und Lukas Hinkelmann

Herstellung und Verlag: Books on Demand GmbH, Norderstedt

Satz & Lektorat: Arno Nickel, Berlin

Umschlaggestaltung: Bärbel Kremer, Berlin

Printed in Germany

ISBN 978-3-8482-0117-4

INHALTSVERZEICHNIS

Vorwort der Herausgeberinnen

Ona Radtke verstarb in seiner Wahlheimat Guatemala am 30. Oktober 2009 kurz vor der Fertigstellung und Veröffentlichung seiner Arbeit.

Wir sind der Meinung, dass sein Buch an die Öffentlichkeit gehört, denn vermutlich hat kein anderer Autor auf diese persönlich berührende Weise die Ursachen und Folgen von Bevölkerungsvermehrung gesehen und beschrieben. Schließlich wird nur selten, wenn zum Beispiel in den Medien über Hungersnöte und Naturzerstörungen berichtet wird, die Überbevölkerung in den Blick genommen.

Onas Thesen sollen Diskussionen hervorrufen und zum Nachdenken anregen. Darin sehen wir den Zweck dieser Veröffentlichung. Mit seinen eigenen Worten: „Ich fühle, dass es in der nachwachsenden Generation ein großes Bedürfnis nach Aufklärung gibt, da ist Wissensdurst und da ist viel Verzweiflung. Und Ich fühle, dass Ich helfen will, so wie Ich selber als junger Mensch durch Bücher und damit durch deren Schreiber, Hilfe erhalten hatte."

Wir haben seinen Text leicht überarbeitet, dabei aber immer deutlich gemacht, wo Onas Text ergänzt und erläutert worden ist. Auch einige seiner Arbeitshinweise im Manuskript haben wir stehen gelassen, ebenso wie seine Gepflogenheit, „Ich" – wie im Englischen – immer groß zu schreiben, weil er fand, dass die Person des Schreibers gegenüber dem „Du" nicht geringer sein soll. Den Kopf hoch tragen sollen wir – genau wie er.

Wir haben diese teilweise aufwendige und schwierige Arbeit mit aller Liebe für unseren Sohn und Bruder auf uns genommen. Dabei haben wir wertvolle inhaltliche und technische Unterstützung durch unseren Freund Arno Nickel erhalten, für die wir ihm herzlich danken möchten.

Ferner danken wir Wolfgang Lucht für seine Ermutigungen, Viola Rieck für das Korrekturlesen und Thorben Kruse für die Erstellung der Website.

Wir wünschen anregende Diskussionen!

Theodore und Christine Radtke

Vorwort

Es nimmt mich seit langem und immer wieder Wunder, wie wenig es meinen Zeitgenossen klar ist, zu welchem Grad unsere Anzahl die Art und Güte unseres Zusammenlebens bestimmt hat und fortfährt, es zu bestimmen. Wie sehr unsere Menge und die daraus rührende Enge mit der Art und Güte unseres Zusammenlebens auf diesem blauen Planeten zu tun hat und in ursächlicher Verbindung steht.

In den Nachrichten wird die Zunahme der Bevölkerung meist dann nur für würdig befunden, die erste Seite einzunehmen, wenn einmal pro Jahr die Vereinten Nationen die jährlichen Bevölkerungszuwachsraten bekannt geben. Und das, obwohl wir täglich um ca. 200.000 Menschen – die Bevölkerungszahl einer Großstadt – zunehmen, was für sich schon eine solch große Zahl ist, dass es eine tägliche Nachricht wert sein sollte. Doch da es täglich passiert, immer nahezu gleich, wird lieber darüber berichtet, wenn ein oder mehrere, oder gar hunderte oder tausende Miterdenbewohner einen ungewöhnlich dramatischen Tod finden. Zahlen, die selbst wenn sie Riesenzahlen wie die der ca. 231.000 bedauernswerten Tsunamiopfer vom Dezember 2004 in Südostasien annehmen, gegen die täglichen Bevölkerungszunahmen verhältnismäßig blass aussehen. Und auch auf anderen Seiten, in Artikeln und Informationen, nimmt die Zahl der Bevölkerung und ihre Auswirkung auf unser Zusammenleben nur einen sehr untergeordneten Raum ein, wenn sie denn überhaupt erwähnt wird. Wobei sicherlich hier und da eine Zunahme von Anmerkungen zu Bevölkerungszahlen und eine zunehmende analytisch-inhaltliche Verknüpfung mit den ökologischen, politischen und ökonomischen Tagesereignissen im Vergleich zu den vorausgegangenen Jahrzehnten festzustellen ist. Der Geist hat schon begonnen, sich diesbezüglich aufzuhellen.

Auch in den Schulgeschichtsbüchern der gesamten Welt wird der Geschichte unserer Zunahme nahezu kein Raum gewidmet, sodass Angaben zum Bevölkerungswachstum erst in jüngerer Zeit – wenn überhaupt – auftauchen. Weil es nicht klar im Bewusstsein ist – so viel ist klar. Und wir werden weiter unten lernen, warum. Auch werden Zusammenhänge zwischen der Zahl an Menschen und den Bedingungen unseres Zusammenlebens nur höchst selten genannt, obwohl sie eigentlich zum Grundstandard in den Wissenschaften der Geschichte, der Politik, der Wirtschaft, der Ökologie, der Psychologie, und der Medizin gehören sollten, aber noch nicht als solches (an)erkannt sind.[2]

Und mehr noch: es verwundert mich auch, wie wenig – falls überhaupt – es meinen Mitmenschen klar ist, dass wir von einem weniger gekünstelten, stress- und sorgenfreieren, natürlicheren Leben ausschließlich durch die Tatsache entfernt sind, dass wir in einer sehr hohen Bevölkerungsdichte zusammen leben, die uns dazu zwingt, alles mögliche Tun und Handeln an den Tag zu legen, damit wir unser Dasein fristen und überleben können. Und uns damit und deswegen in der miserablen Situation befinden, in der wir sind.

Wie wenig sie erkennen, in was für einem emotionalen Chaos die meisten von uns in der heutigen Welt leben. Und wie sehr die Vermehrung unserer Art, von uns selbst in vorgeblich hohem Bewusstsein betrieben, die Qualität unseres Lebens immer mehr verschlechtert. Wie sehr und wie viel sie ihren Kopf à la Vogel Strauß am liebsten in den Sand stecken, weil sie nicht sehen wollen, und weil ihnen das, was sie beim genaueren Hinschauen sehen, so sehr Schmerzen bereitet, dass sie am liebsten weggucken (Bob Dylan: „...Pretending he just doesn't see ..."[3]).

Gut, Ich bin mir über die Gründe für dieses Verhalten der meisten meiner Mitmenschen schon im Klaren und werde sie auf den folgenden Seiten darlegen, v.a. weil Ich die Tendenz dazu bei mir selber auch immer wieder wahrnehme. Nur dass Ich ihr nicht für allzu lange nachgehen kann, und auf Dauer schon gar nicht, weil es etwas in mir gibt, dass das nicht erlaubt. Ich fühle zu viel Angst und Unwohlsein im geistigen Dunkel und so suche Ich immer wieder das Licht der Erkenntnis.

Und trotzdem ist es schmerzhaft, das zu erleben und zu sehen, wie auch dadurch die Welt zugrunde geht. Denn wer nicht sehen *will*, *kann* auch nicht sehen, den kann niemand dazu zwingen. Zumal mir Zwang sowieso fremd geworden ist, je äl-

---

[2] Und wo bisher nicht Teil derselben, schleunigst revolutioniert bzw. reformiert gehören.

[3] Bob Dylan, Blowin' In The Wind, 1963

ter Ich geworden bin, je mehr auch Ich durch Leiden wissend und weise[4] (oder was wir Menschen so zu nennen belieben) geworden bin.

Und so will Ich versuchen, meine Gefühle und Gedanken (letztere gibt es ohne erstere bekanntermaßen nicht!) aufzuschreiben, mit dem Wunsch und in der Hoffnung, dass es doch noch Menschen gibt, die nicht nur ihren Kopf in den Sand stecken, sondern die auch noch ab und zu mal ihren Kopf aus dem Sand nehmen und um sich schauen und dabei geistig erwachen und erkennen – und sei es in der Neugier, ob es nicht doch noch etwas auf der Welt gibt, das zu verstehen oder wenigstens anzuschauen sich lohnt. Und manchen wird dann auch hin und wieder etwas klar, und sie wollen mehr wissen. Und an Euch wende Ich mich.

Danksagungen

Für ihre geistige und technische Unterstützung danke Ich hiermit den folgenden Personen. Ich zähle hier nicht im Einzelnen auf, wodurch und womit mich jeder Einzelne gefördert hat. Das wird sich hoffentlich jeder der Beteiligten selber denken können.

Christine Radtke, Theodore Radtke, Sonera Jhaveri, Ursula Maier, Velislava Stantschev, Maria Ferreira Murteiro Faustino Perreira, Rainer Kind, Tomas Räse, Ute Sprenger, Katrin Eberlein, Anny Förster, Thorben Kruse, Stefan Hecht, JoJo Otte, Thomas Haferberger, Anke Hemmerling, July Menschik, Mathias Spielkamp, Matthias Saul, Barbara Büscher, Jochen van der Linde, Charlotte Schneider und viele andere, teilweise mir namentlich Unbekannte, Menschen, die Ich unterwegs traf, auf Wanderungen, in Bussen, Bahnen, beim Trampen, in Bibliotheken…

Danke für Eure Energie, für die Mühe, die Ihr Euch gabt, indem Ihr mir entweder zugehört, meine Skripte durchgelesen, mit mir die verschiedensten Aspekte des im Folgenden Dargestellten diskutiert oder anderweitig mitgeholfen habt. Auch dann, wenn Ihr Euch – und teilweise nicht einmal Ich mir selber – darüber im Klaren wart, dass das von Euch Gegebene in dieses Buch mit einfließen würde.

---

[4] „Weisheit wird erlitten." J.W. v. Goethe

Einleitung

W ir – die Menschheit – sind auf einem grossen Klärungskurs. Wir werden zunehmend mehr und sind uns der Auswirkungen unseres Wachstums kaum bewusst. Ökologisch wird es immer enger. Menschliche Gesellschaften auf etlichen Erdteilen in Mitteleuropa, Japan, Singapur, Teilen Chinas und Indiens können ohne die Belieferung von außen, aus anderen Ländern und anderen Erdteilen, nicht mehr bestehen, und nahezu allerorten ist aufgrund unserer hohen Dichte das Überleben vieler Tier- und Pflanzenarten bedroht. Und jeden Tag hören etliche dieser Tier- und Pflanzenarten aufgrund unserer hohen Bevölkerungsdichte auf zu existieren: der Platz, den sie einst bewohnten, ist von uns Menschen eingenommen worden und reicht für sie zum Leben nicht mehr aus. Zudem ist durch falsche Düngung und Raubbau ein Teil an ackerbaufähigem Land versalzen oder durch andere chemische Verseuchung nicht mehr bebaubar. Dazu breitet sich wegen der Zunahme an Menschen das Netz der Städte mit ihren Kommunikationssystemen immer weiter aus – auch das vermindert die land- und forstwirtschaftliche Nutzfläche. Zudem wird durch den Ausbau monokultureller Land- und Forstwirtschaft der Erholungswert des Landes immer geringer. Viele Gegenden und Gebiete, Flüsse und Seen sind verdreckt und die Last der Umweltverschmutzung betrifft mittlerweile alle Menschen auf Erden, allerdings nicht immer und überall im gleichen Masse. Die Meere sind überfischt und übersäuert.[5] Die nukleare Verseuchung ist über die letzten Jahrzehnte hin zunehmend mehr geworden und belastet und schädigt unser aller Leben nachhaltig.[6] Und trotz energieaufwendigster landwirtschaftlicher Anbaumethoden sind in den letzten 20 Jahren die Weltgetreidereserven von 100 Tagen nahezu beständig gesunken und sind bei kritischen 37 Tagen[7] angelangt[8].

---

[5] Was u. a. auch zum Tod vieler Korallen fährt.

[6] Dieser Verschmutzung wird bisher noch viel zu wenig und zu wenig klare Bedeutung beigemessen. Siehe Wilhelm Reich und Oranur. Anm. d. Hrsg.: Wilhelm Reich, Das Oranur-Experiment. Erster Bericht (1947-1951).

Auch wird es ökonomisch immer enger: das moderne Leben in den sich ausweitenden Industriegesellschaften setzt die darin lebenden Menschen unter zunehmenden Existenz- und Leidensdruck, und die Konkurrenz untereinander und damit die Unsicherheiten des Alltagslebens nehmen langsam aber stetig, und gelegentlich auch sprunghaft, zu.

Dazu führen wir Kriege um Öl und andere Ressourcen, um strategische Einflussgebiete, um kulturelle Traditionen (Kriege zwischen Christentum und Islam) und um deren Einflusssphären und vernichten dabei nicht nur Menschen, sondern zerstören mit vielerlei Waffen (darunter z. B. mit Abgereicherten-Uran [Depleted Uranium]-Waffen) und anderen Massenvernichtungswaffen auch den Lebensraum zukünftiger Generationen. Was insgesamt den Lebensraum der Menschheit weiter beschränkt.

Auch unser Weltschmerz ist hauptsächlich von anderen Menschen, durch deren zahlreiches Vorhandensein und dementsprechendes Verhalten verursacht.

Ich könnte hier dieser kurzen Beschreibung ganze Seiten und Bücher folgen lassen, werde es aber nicht tun, da die Lage unserer Erde hinlänglich bekannt und von anderen Autoren ausführlichst beschrieben worden ist.[9]

Dabei reagieren wir oft spät, manchmal auch zu spät, ja, insgesamt reagieren wir nur und sind weit davon entfernt, das zu sein, was wir zu sein glauben: die geistig erleuchtete Krönung der Schöpfung.

---

[7] Quelle. Irrtümlicher-, aber zugleich auch typischerweise sehen die meisten Kommentatoren die Ursache der Getreideknappheit in der Verwandlung von Saatgut als Brennstoffe, die den Prozess der Verminderung der Getreidereserven sicherlich beschleunigt hat, aber bei weitem nicht allein und nicht einmal überwiegend dafür verantwortlich zu machen ist. Denn das Absinken der Getreidereservetage geht seit nunmehr 30 Jahren kontinuierlich vor sich, und hat sich durch den Verbrennungsprozess nur beschleunigt. Es ist allerdings bezeichnend, dass dieses langfristige Sinken der Getreidevorräte der Welt nur wenige Kommentatoren und Analytiker beeindruckt zu haben scheint.

[8] Die jüngst erfolgten Nahrungsmittelpreissteigerungen sind vor allem ein Ergebnis davon und nur zweitrangig ein Resultat der Biotreibstoffproduktion, da ersterer Trend seit Jahrzehnten und kontinuierlich läuft, während zweiterer wesentlich jüngeren Datums ist.

[9] Siehe u. a. die Veröffentlichungen des Earth Watch Instituts.

Sei es, um dorthin zu gelangen, sei es auch nur, um das Schlimmste zu verhindern: wir wollen uns erst einmal Rechenschaft abgeben über unseren mehr als ungenügenden Erkenntnisstand. Bisher haben wir – wie der berühmte Frosch im Brunnen, der nur einen Teil vom Himmel sieht, doch glaubt, er hat die Welt gesehen – entsprechend unserer verschiedenen kulturellen Hintergründe, nur einen Teil des Himmels gesehen – und ihn fürs Ganze genommen. Wir haben Teilprobleme erkannt und diese teilweise gut gelöst, keine Frage. Doch da wir den Themen Bevölkerungswachstum und Überbevölkerung in ihrer historischen und globalen Bedeutung bisher fast vollkommen aus dem Weg gegangen sind, haben wir eben nur herumgedoktert und herumgepfuscht, weil wir uns die essentiellen Fragen zu stellen nicht einmal getraut haben.

KAPITEL 1

Das älteste Tabu

Als Menschheit haben wir uns wichtige Fragen nicht zu stellen gewagt, weil sie mit einem noch weitgehend unbewussten Tabu belegt sind. Es ist eines der ältesten Tabus, oder gar das älteste überhaupt. Es ist das Tabu des kritischen Infragestellens unserer Vermehrung, unseres Mehrwerdens – wohlgemerkt: unserer Vermehrung, und nicht unserer Fortpflanzung.

Der simple Unterschied zwischen Vermehrung und Fortpflanzung liegt darin, dass Fortpflanzung jedwede Zahl an Kindern – von einem Kind ab aufwärts – meint, also einfach den biologischen Fakt der Reproduktion, der Fort- und Ersetzung einer Generation mit der und durch die ihr folgende. Vermehrung hingegen meint die Fortpflanzung ab einer Durchschnittskinderzahl von über 2,1 Kindern – im industriellen Kulturraum. In anderen Kulturräumen liegt diese Zahl aufgrund höherer Kindersterblichkeit entsprechend darüber. Dadurch wird die bestehende Anzahl von Menschen nicht nur ersetzt, sondern **vermehrt**. Daher der Ausdruck: Vermehrung. Fortpflanzung als solche kann vermehrend, die Bevölkerung gleich erhaltend oder auch vermindernd sein, wenn im Durchschnitt weniger als 2,1 Kinder pro Frau geboren werden.

Wir müssen zu differenzieren lernen zwischen diesen beiden Begriffen – Fortpflanzung und Vermehrung – und aufhören, Menschen, die gegen Vermehrung angehen als Lebensfeinde zu bekämpfen, wie es leider immer noch in vielen von etlichen traditionellen Religionen geprägten Regionen der Welt passiert.

Und es ist die Frage unserer Vermehrung selbst, die heute zum ersten Mal global in Frage zu stellen ist, wenn wir das Überleben von uns als Individuen und unserer Art selbst auf Dauer sicherstellen wollen.

Durch die Einseitigkeit unserer Betrachtung haben wir auch die Ursachen und ihre Bedeutung im Wesentlichen bis heute nicht verstanden. Da wir unsere Vermehrung im Wesentlichen glorifiziert haben, haben wir die Kehrseiten, die Ich hier nur einmal in Kürze anreißen – und weiter unten ausführlicher darstellen – werde, nicht als von unserem Mehrwerden verursacht verstanden.

Die Kehrseiten waren und sind Mangel an Raum und den damit verbundenen Ressourcen, die zu prinzipieller Konkurrenz zwischen uns Menschen und als Ausdruck dessen zu blutigen und tödlichen Kämpfen geführt hatten und führen. Und das in einem Maße, dass heute sehr viele Menschen irrigerweise der Meinung sind, dass ein Zusammenleben zwischen Menschen ohne Kriege ganz und gar unvorstellbar sei. Auch der Machtkomplex als zuerst militärischer, später auch politischer und ökonomischer führt auf unser Mehrwerden und Mehrgewordensein zurück. Hinzu kommt der Komplex der Arbeit, ihre Entwicklung und Teilung zwischen den Geschlechtern, Klassen und Rassen, um das durch das Mehrwerden verloren Gegangene durch menschliche Produktivität wettzumachen[10]. Die Unterdrückung der Frauen durch militarisierte Männer – die Errichtung und Aufrechterhaltung des Patriarchats – ist ebenfalls ein Ergebnis derselben Vermehrung gewesen und ist es bis heute auch weitgehend geblieben.[11]

Traditionell ist die Frage unserer Vermehrung in den meisten Kulturen im Allgemeinen positiv beantwortet worden und ist selbst Bestandteil eines großen Teils unserer traditionell religiösen Überzeugungen geworden.[12] Nach dem Motto: Mehrwerden ist gut, noch mehr: besser![13] Das lag und liegt zum einen daran, dass

---

[10] Gedanken und Überlegungen zum Thema sind im Unterkapitel „Arbeit" auf S. 68 näher ausgeführt.

[11] Auf diese negativen Aspekte des Bevölkerungswachstums gehe Ich weiter unten ausführlicher ein.

[12] Außer Robert Malthus in seinen „Principles of Population", zum ersten Mal herausgegeben in London 1798, hat traditionell keine bedeutendere Religion oder Philosophie das Menschenwachstum generell in Frage gestellt. Wobei sicherlich seit einigen Jahren und sogar Jahrzehnten im westlichen und asiatischen Kulturkreis Stimmen laut geworden sind, die zumindest auf das Bevölkerungswachstum kritisch aufmerksam gemacht haben und machen. Doch sind sie bisher mit der Ausnahme der Politik der chinesischen Kommunistischen Partei und Staatsführung noch nirgendwo wirklich „Mainstream" geworden, sondern bleiben weitgehend privat.

sie Ergebnis und Teil unserer Fortpflanzung ist und aus natürlichen Gründen begonnen hatte, da das Mehrwerden selbst natürlich zu sein schien und scheint. Doch noch immer ist den meisten Menschen nicht klar, dass das dauerhafte Mehrwerden unserer Art alles andere als „natürlich" und „normal" ist, da es bestimmter ökologischer Voraussetzungen bedurfte und bedarf, um es beginnen und fortfahren zu lassen. Und dass es ebenso bestimmte und durchaus auch negative Auswirkungen auf das Zusammenleben und das Leben jedes Einzelnen hat. Zum anderen war und ist die Vermehrung, da sie offensichtlich überall gleichermaßen passierte, die erste und einfachste Antwort auf die Bedrohung durch andere Stämme, Völker und Nationen – und ist es in den Köpfen der meisten Menschen bis heute geblieben: wenn wir mehr werden und mehr als die anderen sind, ist es wahrscheinlicher, dass wir nicht durch andere Menschen vom Angesicht der Erde getilgt oder von ihnen unterworfen werden, weil wir dann mehr Krieger und somit stärker als andere Stämme, Völker und Nationen sind. Und uns somit erfolgreicher verteidigen können. Und wenn wir uns erst einmal an die durch dasselbe Menschenwachstum verursachte Barbarei der Enge gewöhnt und uns darüber in unserer Entfremdung verloren haben, können wir diese aus der Not erwachsende „Chance" erkennen und wahrnehmen. Es ist die selbst schon barbarische „Chance", das Blatt zu wenden und uns durch die Unterwerfung anderer und deren Ausbeutung das eigene Leben – durch und gegen das Leben der anderen – angenehmer zu gestalten. Ein Blick in die Geschichte der menschlichen Zivilisationen erhellt die Vielfalt der in diese Richtung gegangenen Erfahrungen.

Dieses Denken – mehr Menschen mit größerer Gruppenstärke gleichzusetzen – ist bis heute zutiefst im Denken nahezu aller Traditionen nahezu aller Kulturen[14]

---

[13] Damit gehen sexuelle Tabus Hand in Hand. Einerseits die sexuelle Zwangsmoral, häufig gibt es nur einen Partner für die Masse der Menschen, andererseits mehr Frauen nur für Häuptlinge oder die, die es sich leisten können. Dadurch Trübung des sexuellen Denkens, es wird mit Angst belegt. Damit wird jedes kritische Nachdenken darüber gelähmt, einschließlich des Denkens über negative Auswirkungen der eigenen wie der fremden Vermehrung.

[14] Ausnahmen bestätigen die Regel: es gab Kulturen, die sich ihrer räumlichen Enge klar waren und daraufhin ihr Verhalten änderten. Indem sie versuchten, größere Übel wie Krieg durch kleinere Übel wie Infantizid (Kindestötung) zu ersetzen.

der Welt verankert. Wir brauchen nur daran zu denken, wie sehr die so genannten Hochkulturen[15] bejubelt werden, die doch allesamt, ohne Ausnahme, auf der Ausbeutung anderer Völker beruhten und beruhen. Wie ein Volk oder auch mehrere Völker gemeinsam durch Ausbeutung anderer ihren eigenen Lebensstil „verbessern" und sich dadurch ökonomisch wie psychologisch in die Lage versetzen, besondere Leistungen und Produkte, wie bestimmte Technologien, eine entwickeltere, spezielle Geistigkeit, Kunstprodukte zu erbringen. Dieses Denken ist der tiefe Grund für unser Stammes- bzw. Nationalbewusstsein als Gruppenbewusstsein. Die Angst vor anderen hat uns Gruppen bilden lassen und uns in Gruppen, die größer als die reinen Familienbande sind, zusammengeschweißt.

Es gibt hierzu natürlich auch eine Bio-Logik.[16] Der US Biologe Garrett Hardin drückte es folgendermaßen aus: „Nachdem wir uns den Rest der lebendigen Welt untergeordnet haben – selbst, zum größeren Teil, die Krankheitsorganismen, die so viele Könige des Waldes zu Fall gebracht haben – gibt es für uns keine andere Wahl, als mit uns selbst zu konkurrieren."[17] Das bedeutet, dass Konkurrenz in der Natur, die für gewöhnlich zwischen Mitgliedern verschiedener Arten von statten geht, dann unweigerlich in die Konkurrenz zwischen Mitgliedern der gleichen Art übergeht, wenn eine Art, in unserem Falle die unsere, durch äußere Umstände – die auch im Laufe der Entwicklung genetisch verinnerlichte Anpassungen an jene äußeren Umstände wurden – so stark geworden ist, dass es keinen bedeutsamen anderen äußeren Feind mehr gibt.

Die Gründe liegen in einigen Spezialisierungen, die unsere Vorfahren über lange Zeit hinweg betrafen und über deren genaue Gründe wir bisher noch rätseln: der aufrechte Gang, die Entwicklung der Großhirnrinde, die Entwicklung des beweglichen Daumens, der uns befähigt, allerhand neue Handfertigkeiten zu erlernen und auszuführen, unsere differenzierte sprachliche Kommunikation, die daran geknüpf-

---

[15] Sei es das alte Ägypten, Athen, Rom, die chinesischen kaiserlichen Großreiche, das islamische Weltreich, die Reiche Portugals, Spaniens, Frankreichs, Englands, Russlands, Deutschlands, Japans, Italiens, Belgiens, Hollands, Dänemarks und heute das der USA.

[16] Die es jedoch weiter zu erforschen gilt.

[17] G. Hardin: Nature und Man's Fate, 1961, NY, S. 218. (Übers. v. Autor)

te Fähigkeit abstrakt zu denken und über uns selber zu reflektieren. Wir können vermuten, dass es ökologische Veränderungen in der Umwelt unserer Vorfahren waren, deren Details wir bisher nur ungenügend kennen. Veränderungen der äußeren Umstände, in denen sich unsere Vorfahren wiederfanden und die sie nötigten, auf ihre angeborene Art darauf zu antworten und damit umzugehen.

Dazu gehören sicherlich auch klimatische Bedingungen, die das Werden und Gedeihen unserer Art samt ihrer Vermehrung begünstigt und somit in eine Situation gebracht haben, mit der umzugehen und sie aufzulösen, uns heute alles andere als leicht fällt.[18]

Die Konkurrenz zwischen uns Menschen sehen wir in unserem kulturellen bzw. zivilisatorischen[19] Verhalten, wenn es um die Abwertung und Verachtung der anderen Gruppen – bis hin zu offener Feindschaft, in meist gleitender Skala, je nach Verwandtschafts- bzw. Nähegrad – geht. Einige werden als gut, andere als schlecht und wieder andere als noch schlechter angesehen. Das Gut und Böse in Bezug auf

---

[18] Hier Hinweis auf die starke Bevölkerungsreduzierung Europas infolge der „Kleinen Eiszeit". Anm. d. Hrsg.: „Die Kleine Eiszeit war eine Periode relativ kühlen Klimas von Anfang des 15. bis in das 19. Jahrhundert hinein. (...) Die kleine Eiszeit löste die sogenannte spätmittelalterliche Agrarkrise aus: durch die schweren und langen Winter war die Vegetationsperiode reduziert. Die Sommer waren nasskalt, so dass etwa der Weizen auf den Halmen verfaulte. Eine Folge war eine geringere Produktion an Nahrungsmitteln, die sich auch in Hungersnöten niederschlug. Die Kleine Eiszeit spielt auch bei den in diese Periode fallenden frühneuzeitlichen Hexenverfolgungen in Mitteleuropa eine Rolle. (...) Infolge der Abkühlung rückte die Packeisgrenze wieder nach Süden vor, eine Entwicklung, die Island zeitweise von der Außenwelt isolierte, wodurch die Einwohnerzahl stark zurückging. (...) In Frankreich… war die Kleine Eiszeit, wenn auch indirekt, eine von vielen Ursachen für den Ausbruch der Revolution." (nach Wikipedia zum Stichwort „Kleine Eiszeit")

[19] Die Unterscheidung zwischen Kultur und Zivilisation, wie sie fein säuberlich in den verschiedenen Kulturen bzw. Zivilisationen Europas und seiner Abkömmlinge getrennt wird, liegt mir fern, da beide nur verschiedene Aspekte ein und derselben Sache beschreiben. Die Deutschen, die federführend darin waren und sind, den ihnen „rein" dünkenden Begriff „Kultur" zu benutzen, um darin das „Gute" und „Großartige" der Zivilisation im Unterschied zu ihren „schlechten" und „brutalen" Seiten zu beschreiben – was in der angelsächsischen Sichtweise von Zivilisation als ein Teil desselben mit unter dem Begriff Zivilisation eingeordnet wird – versuchen damit m.E. nur, eine Ehrenrettung der Zivilisation – und damit auch ihrer selbst – operativ vorzunehmen, was ihnen in der eigenen Geschichte mit dem Fall Hitler aber keineswegs gelungen ist.

andere Menschen und Menschengruppen, das Bewerten, Urteilen und Verurteilen in unserer Anschauung resultiert aus diesem Leben in zu großer Enge, hier hat die Differenzierung in Gut und Böse in all unseren Zivilisationen einen ihrer wesentlichen Anfänge.

Es ist dies die Kehrseite der Angst, die aus Enge[20] resultiert, ihre Rechtfertigung, die auch nur danach trachtet, aus der Not der Enge, der Angst vor anderen heraus, eine Tugend zu machen, schon aus der Not heraus, das innere Gleichgewicht zu halten. Im Weiteren werden wir immer wieder diesen Psychomechanismus „Aus der Not (Angst vor dem anderen) eine Tugend (ihn zu verteufeln) machen" am Werke sehen.

Es ist dies der tiefen Angst geschuldet, von anderen vernichtet oder anderweitig misshandelt zu werden. Da die Kehrseiten dieses Mechanismus zu erkennen, stets tabuisiert worden war, hat dies dazu geführt, dass diese Angst mit allgemeiner Todesangst verwechselt wurde und wird. Mit der Angst zu sterben bzw. tot zu sein.

---

[20] Angst und Enge stammen etymologisch keineswegs zufällig aus derselben Wurzel. Angst ist urverwandt mit Enge, da das, was beengt, auch Angst macht, da Enge generell beängstigend wirkt. Das mit den deutschen Wörtern Angst und Enge urverwandte Wort lat. angustus (das im Spanischen z. B. zu angosto wird) heisst sowohl eng wie auch schwierig, lat. angustiae, -arum (Pluralwort) Enge, Engpass; Schwierigkeit vgl. dazu engl. anxious, anxiety...

Vgl. dazu das urverwandte englische *anger* = Wut: „...*anger* – v. c. 1200; from O.N. angra ‚to grieve, vex' n. c. 1250; from O.N. *angr* ‚distress, grief'; from P.Gmc. *angus* (cf. O.E. *enge* ‚narrow, painful', M.Du. *enghe*, Goth. *aggwus* ‚narrow'), from PIE base *angh-* ‚stretch round, tight, painfully constricted, painful' (cf. Skt. *amhu-* ‚narrow' *amhah* ‚anguish', Armenian *anjuk* ‚narrow', Lith. *ankstas* ‚narrow', Gk. *ankhein* ‚to squeeze' *ankhone* ‚a strangling'; L. *angere* ‚to throttle, torment'; O.Ir. *cum-ang* ‚straitness, want'). In M.E., also of physical pain." (http://www.etymonline.com/index.php?l=a&p=14; Kursivhervorhebungen vom Autor.

KAPITEL 2

Todesangst – verursacht von den eigenen Artgenossen

Die Angst, tot zu sein, kommt daher, dass das meiste zivilisatorische Schaffen unter Verleugnung und Verdrängung des Todes passiert. Würde der Tod Teil der täglichen Realität sein und nicht verdrängt und versteckt werden, würden wir alle anders leben, weil wir im Bewusstsein begrenzt lebten in Zeit und Raum, weil wir stets bewusst wären, dass unser letztes Hemd keine Taschen hat. Wir wären umsichtiger mit uns selbst, und mit anderen, würden mehr darüber reflektieren, warum und wieviele Nachkommen wir in diese oft sehr harsche Welt setzen – denn wir wären uns klar darüber, was wir unseren Kindern damit zumuten – wir wären ruhiger, zärtlicher mit uns selbst und miteinander, in Kürze: humaner und wir würden uns selbst und die anderen in all unserer bzw. ihrer Komplexität mehr respektieren.

Doch es handelt sich um Todesangst als Angst der besonderen Art, vernichtet zu werden. Nicht einfach nur die Angst zu sterben, sondern die Angst, eines gewaltsamen, grausamen Todes, verursacht durch einen anderen Menschen, zu sterben. Angst, anderen Menschen hilflos ausgeliefert zu sein, ihnen zu unterliegen und von ihnen versklavt oder gar getötet zu werden, Wobei sich auch immer wieder die Frage aufwarf und -wirft, was von beiden besser ist. Doch erst einmal unabhängig von der Antwort: beides flößte und flößt natürlich Angst ein.

Jedes Individuum ist unter und in diese Bedingungen hinein geboren und muss versuchen, sich in diesem emotionalen Chaos zurechtzufinden. Der Überlebensprozess ist zunehmend entfremdeter und komplizierter geworden und die sozialen Anpassungsanforderungen haben zugenommen und nehmen auch weiterhin zu. Mehr Disziplin ist gefordert beim Zusammenleben in größeren Massen, mehr Gesetze und Regeln müssen befolgt werden und der Spielraum für jeden einzelnen wurde und wird enger.

Die Angst vor den anderen hat uns unsere natürliche Individualität dem Gruppenzwang opfern lassen, und die moderne, industrielle Individualität bringt nur winzige Teile der unter dem Gruppenzwang verschütteten Individualität wie unter einem grotesken Licht zum Ausdruck.

Es ist dies Bedingung und Grundlage einer besonderen, aber zugleich auch der ältesten und grundlegenden Schizophrenie des Menschen: Todesangst erzeugt durch Artgenossen versus die prinzipielle Zuneigung und das Vertrauen, also die Liebe, zu unseren Artgenossen, mit der wir auf die Welt gekommen sind. Grundsätzliche Zuneigung zwischen Artgenossen scheint natürlich und wesentlich stärker als Abneigung oder Hass gegenüber Artgenossen, soweit die überhaupt vorhanden sind.

Das gibt es sonst so in keiner anderen Tierart: die prinzipielle Unsicherheit, ob ein-e andere-r ArtgenossIn gut oder schlecht mit einem, mit mir umgehen wird.[21] Ob sie/er mich lieben oder hassen wird. Ob mein Nächster oder gar mein Verwandter mein Freund oder mein Feind sein wird. Sicherlich haben auch Tiere anderer Arten gelegentlich Kämpfe miteinander, wenn es sich um zu knappes Essen, um die Fortpflanzung oder ums Revier dreht. Doch im Allgemeinen gehen diese Kämpfe nicht tödlich aus[22]. Und generell sind diese Konflikte nicht von langer Dauer. Es sei

---

[21] Würden wir ein dem unsrigen ähnliches Verhalten bei anderen Tierarten beobachten, würden wir nicht zögern, es als krank zu bezeichnen. Hinweis auf die Versuche mit Norwegerratten von John B. Calhoun, Population Density and Social Pathology, in Garrett Hardin, Population, Evolution and Birth Control, University of California, Sta. Barbara, 1969, S. 101ff (Siehe hier im Text S. 36 ff.)

[22] Als Ausnahme ist mir nur ein häufiger zitierter Fall des Tötens von einzelnen Schimpansen durch andere im vollkommen überbevölkerten Gombé National Park in Tansania bekannt geworden. Dort haben die Schimpansen keinerlei Ausweichmöglichkeit mehr, da das Land drumherum von Menschen, die den Affen feindlich gesonnen sind, bevölkert ist. Jane Goodall berichtete darüber. Doch es ist bei den von ihr beschriebenen Vorfällen auch sehr wohl möglich – und meiner Auffassung nach sogar sehr wahrscheinlich – dass es sich um Überbevölkerung der Schimpansenbevölkerung gehandelt hat, da das Land rings um den Nationalpark dicht von Menschen bewohnt und genutzt wird, die Jagd auf Schimpansen machen, weil sie die zu verzehren belieben. Was bedeutet, dass die Schimpansen auf Wohl und Wehe im Nationalpark bleiben müssen, und nicht mehr woandershin voreinander ausweichen können. Es wiederholte sich wahrscheinlich dort, was sich bei uns Menschen bereits vor vielen

denn, dass der Raum durch vorübergehende Überbevölkerung für die entsprechen-
de Art, wie in unserem Fall, zu voll geworden ist. Zudem sind die Kämpfe in anderen Arten auch weder organisiert noch geplant.

In nahezu allen Kulturen wird, wenn auch nicht widerspruchsfrei und in verschiedener Fasson, gelehrt, dass manche Menschen besser seien als andere und somit mehr Zuneigung, Liebe und Nachahmung verdienten. Kultur heißt im Wesentlichen, nicht mehr nur dem eigenen Gefühl bzw. den eigenen Instinkten zu gehor-
chen, sondern eigene Gefühle durch Gruppendogmen zu überlagern und damit zu
ersetzen suchen.

Daher gibt es diese Vernichtungsangst, von den besagten Ausnahmen abgesehen,
im Wesentlichen nur unter uns Menschen.[23] Und das auch nicht schon seit immer,
sondern aller Wahrscheinlichkeit nach erst seit ca. 10.000 bis 20.000 Jahren. Wobei

---

Tausenden von Jahren vollzogen hatte – nur eben in Gombé unter von uns Menschen gesetzten Bedingungen.

[23] Auch sind wir Menschen die einzige Art, die aufgrund ihrer Großhirnrinde in der Lage ist, dauerhaft
mit dieser Art von Angst zu leben. Wobei sich die Frage aufwirft, ob möglicherweise diese Angst bzw.
Enge selbst dafür verantwortlich ist, dass es zur Entwicklung derselben Großhirnrinde kam.
[Anm. d. Hrsg.: Ona notierte in diesem Zusammenhang ein Zitat von Arthur Janov, wo dieser im
Kapitel „Die Hirnrinde und ihre Abwehrfunktion" Folgendes ausführt:]
„...Wir kennen sicher alle eine Situation, in der uns jemand mit einem Vorwurf am Boden zer-
schmettert hat. Von diesem Moment an hören und sehen wir praktisch nichts. Wir halten uns einfach
für nervös, was aber tatsächlich abläuft, ist, dass alle Hilfsmittel des Körpers in den alten Urkampf ver-
wickelt sind. Die Stirnrinde ist vom retikulären System alarmiert, damit sie den alten Schmerz fernhält.
Wir können dies an den elektro-enzephalographischen Aufzeichnungen sehen, die bei Menschen unter Stress registriert werden. Es ist ein großes Reaktionspotential zu sehen, das darauf hinweist, dass
zur Selbstverteidigung ein bedeutsamer Anteil der Hirnrinde aktiviert worden ist.
Die Tatsache, dass konzentrierte kortikale Aktion eine Abwehr von Schmerz darstellt, lässt vermuten, dass es sich bei diesem Vorgang um einen Hauptfaktor in der aktuellen Entwicklung der menschlichen Hirnrinde handelt. Durch die Arbeit von Krech wissen wir, dass Rattengehirne als Folge einer
Stimulation tatsächlich an Gewicht zunehmen.* Und so weit hergeholt ist es nicht, wenn wir meinen,
dass ein Hauptfaktor für die Entwicklung der menschlichen Hirnrinde ihr Wachstum war, das als Folge einer Schmerzstimulierung eintrat – oder auch als Folge der Schmerzgefahr. ..." (*Fn. bei Janov: D.
Krech u. a., „Modifying Brain Chemistry and Anatomy by Enrichment or Impoverishment of Experience" in G. Newton und S. Levine, Early Experience and Behavior, Springfield, Ill., 1968. (Zitiert aus:
Arthur Janov, Anatomie der Neurose, Frankfurt am Main 1974, S. 70)

diese Zahl einigermaßen spekulativ ist und sein muss, da uns über diese und frühere sowie spätere Zeiten nur sehr grobe Schätzungen für die Anzahl von Menschen auf Erden im Zeitalter der Zivilisation bzw. Kultur vorliegen. Und wir nur sehr vage Vorstellungen von dem haben, wie unsere Vorfahren damals zusammengelebt haben. Somit wissen wir bisher nicht wirklich, welche Umstände es gewesen sind, die diesen Umschlag vom noch immer in Fabeln und Legenden besungenen Paradies oder Goldenen Zeitalter bewirkt haben. Wir können aber grundsätzlich schon davon ausgehen, dass es diese Angst gibt, seitdem wir über eine bestimmte Anzahl hinaus die Erde bevölkerten. Denn erst seit jener Zeit gibt es Zeugnisse von Mord und Totschlag und von Kriegen zwischen uns Menschen. Denn unterhalb einer bestimmten – und aus heutiger Sichtweise unglaublich gering erscheinenden – Bevölkerungsdichte in fruchtbaren Gebieten gibt es im Wesentlichen keinen Grund für Menschen, andere Menschen anzugreifen und deren Leben zu bedrohen und sie gar zu töten.[24]

Hinweis auf die besonders harsche Moral unter den Bewohnern der arabischen und saharischen Wüsten.[25] All das bedingt durch wenig Lebensraum und extrem karge natürliche Bedingungen. In der Wüste und trockenen Steppe ist das Leben von Natur aus beengt, da das vom Menschen verwertbare Nahrungsangebot sehr beschränkt ist und ein Überleben nur mit genau einzuhaltenden Regeln möglich ist. Von daher neigen Wüstenbewohner zu drastischen Mitteln, wenn es um ihr eigenes Überleben geht. Dazu gehört auch ihre Fortpflanzung. Die relative Menschenleere trügt in diesen Gebieten das Auge, da trotz geringer Menschenzahl eine relativ hohe Bevölkerungsdichte auf begrenztem Lebensraum besteht.

Je weniger Menschen es gibt, desto schwieriger wird es natürlicherweise, Krieg gegeneinander zu führen. Irgendwo gibt es eine Grenze, wo Versklavung anderer sinnlos wird, weil die Arbeitsleistung, auf sie aufzupassen, größer wird als die Ar-

---

[24] Anmerkung zu John Keegan, Die Kultur des Krieges, Rowohlt, Hamburg, 1997.

[25] James DeMeo, der Autor von „Saharasia" (Greensprings, Oregon, USA, 1998), der den Zusammenhang zwischen besonders brutalem Patriarchat und Wüsten heraus- und bearbeitet hat, irrt, wenn er das menschliche Verhalten dort allein auf die Wüste schiebt. Er übersieht die relative Beengtheit, die dort, trotz geringer Menschenzahl, unter den Menschen herrscht.

beitsleistung, die Sklaven erbringen können. Ebenso gibt es eine Grenze, andere zu befehden, weil (a.) der andere keine Gefahr für einen darstellt, weil es zu essen und von allen anderen wirklich lebenswichtigen Dingen genug für alle gibt und (b.), weil die andere Person leicht entschlüpfen kann, z. B. weil sie Nomade ist. Sodass nur noch sexuelle Eifersucht als Territorialinstinkt bleibt, den wir mit vielen anderen Säugearten teilen. Doch geht dieser Konflikt bei anderen Arten für gewöhnlich nicht tödlich aus, und Vertreibung, nicht Tod des Konkurrenten ist die Absicht. Womit der Begriff „Krieg" dafür auch eher abwegig wird.[26]

Zudem sind sich nicht alle Kriege gleich, sondern es hat eine Evolution des Krieges[26a] gegeben, die ebenfalls eine Funktion der Menschenvermehrung war und ist. Kriege haben mit der Zunahme an Menschen auch an Gewalt und Intensität ebenso wie an Perfidität zugenommen. Wir haben darin eine Evolution menschlich moralisch „schlechten" Verhaltens erlebt, die noch kaum verstanden ist, da eben das Angreifen und Erobern anderer Stämme und Gebiete als positiv angesehen worden ist und somit die Kehrseiten unter den Teppich gekehrt wurden. Um nur ein Beispiel zu nennen: Kriege zwischen Sammlern und Jägern ähneln eher Konflikten zwischen heutigen Jugendbanden, die wir wegen ihrer geringen Intensität und vergleichsweise hohen Harmlosigkeit kaum zu den Kriegen rechnen würden, obwohl sie es genau genommen sind. [27]

---

[26] Wobei die Geschichte auch Kämpfe und Kriege kennt, die über oder wegen Frauen geführt wurden. (Troja, Sabiner-Rom, das indische Epos des Ramayana, in dem Ram's Frau Sita entführt wird und der sie nach vielen und harten Anstrengungen mithilfe des Affenhalbgottes Hanuman wiedererobert). Doch sind das spezielle Kriege gewesen, um eine bestimmte Frau (die in den Augen von Paris schöne Helena, der sie von ihrem Gatten Menelaos entführte und sie somit in dessen Augen raubte, da er sich als Besitzer seiner Frau ansah) oder es ging darum, sich Frauen zu „besorgen", um den Sexualtrieb auszuleben, sich fortzupflanzen und/oder vermehren zu können. Alle drei Motive sind keine reinen Eifersuchtsmotive, und im letzteren Fall ist die Verwicklung in den Fortpflanzungs-Vermehrungswahn schon eindeutig.

[26a] John Keegan, Die Kultur des Krieges, Rowohlt, Hamburg, 1997

[27] Vgl. hiermit den „Krieg der Knöpfe", ein „Krieg" zwischen verfeindeten Jungenbanden, die sich gegenseitig die Knöpfe abschneiden. Ein „Krieg", der sich am Ende in Wohlgefallen auflöst und damit zeigt, dass es doch kein „richtiger" Krieg ist. „Krieg der Knöpfe" ist ein französischer Familienfilm aus dem Jahr 1962. http://www.vimeo.com/1211060

Und jene bewaffneten Konflikte zwischen Sammler- und Jägergruppen haben nur sehr entfernte Ähnlichkeit mit Konflikten der heutigen Ära. Wie etwa den Kriegen auf dem Balkan in den neunziger Jahren oder denen der USA und etlicher ihrer Verbündeten in Afghanistan und Irak.

Diese Vernichtungsangst hält uns seitdem alle auf Trab. Sei es heute die von den Europäern gerne beschworene „gelbe Gefahr", sei es die Angst vieler Menschen aller ehemals oder noch von den Europäern kolonialisierten Erdteile, dass sich die Verbrechen Europas und der mit Europäern besiedelten Kolonien (wie die USA, Kanada, Australien, Neuseeland, Argentinien, Chile, Brasilien, Mexiko, etc.) – trotz aller gegenteiligen Versprechen – wiederholen könnten[28]. Sei es die Angst vor Nachbarn, Fremden, Unbekannten schlechthin, vor Kommunisten, Kapitalisten, Russen, Franzosen, Deutschen... Diese Angst vor den anderen und vor allem: vor anderen Menschengruppen, die in allen Völkern der Erde anzutreffen ist, hält uns seitdem in Bann. Und das so sehr, dass sie es uns bisher noch nicht einmal erlaubt hat, unser geistiges Auge auf sie selbst zu richten. Sodass immer noch leichthin behauptet wird: Tiefe Angst vor dem Mitmenschen – und Kriege gegeneinander – habe es schon immer gegeben. Das sei schon immer so gewesen!

Unsere geschriebene Geschichte, und die Geschichte unserer Zivilisation überhaupt, ist die Geschichte des Menschen gegen den Menschen. Was sich im Verlaufe dieser Geschichte geändert hat, sind im Wesentlichen die Formen der zwischenmenschlichen Kämpfe.

Und in früheren Jahren dieser hier beschriebenen Epoche der letzten Jahrzehntausende war es nicht wesentlich anders: Im europäischen Mittelalter bekriegten sich die Europäer gegenseitig, und die Stämme, die sich aufgrund ihres Zuwachses an Menschen langsam aber sicher in Nationen formierten, bekriegten und verjagten

---

[28] Die Kriege in Afghanistan und Irak und die Androhung eines Krieges gegen den Iran seitens Teilen der sogenannten westlichen Welt legen beredtes Zeugnis davon ab, dass sich bis heute im Wesentlichen noch nichts geändert hat. Diese Kriege halten die genannte Angst wach. Hinzu kommt, dass die früheren europäischen und asiatischen Kolonialmächte die Menschen der unterdrückten Nationen und deren Nachfahren, denen sie großen Schaden zugefügt haben, bis heute weder um Verzeihung gebeten noch die erlittenen Schäden auch nur annähernd kompensiert haben.

einander, um in den Besitz von Land und Nahrungsmitteln, von Frauen, Sklaven, Leibeigenen und Bodenschätzen zu gelangen. In den Zeiten der Antike sah es essentiell auch nicht anders aus, nur dass die Zahl der Beteiligten damals erheblich geringer war, da weniger Menschen auf Erden lebten. Denken wir dabei nur an das „große" Rom mit seinen bis zu 1 Million Einwohnern[29], das über ein halbes Jahrtausend hinweg die Völker des Mittelmeerraums und Westeuropas zum Unterhalt und für den mehr als fragwürdigen und mörderischen Glanz der antiken Metropole terrorisierte. Und noch heute wird diese Stadt und ihre antike Kultur glorifiziert trotz Frauenunterdrückung, Sklaverei, Prostitution, Morden, Ausbeutung, Brandschatzungen, Plünderungen und Umweltzerstörung, die von ihr ausgingen. Und auf allen anderen Kontinenten sehen wir sehr ähnliche Ereignisse, die alle davon abhingen, wieviele Menschen unter welchen klimatischen Bedingungen zusammenlebten. Handele es sich um Chinesen, Inder, Afrikaner, Mongolen, Azteken, Inkas etc. pp.

Diese Angst war und ist Triebkraft.

Wie wir aus den Erfahrungen und Erkenntnissen der vom US-Psychoanalytiker Arthur Janov seit den Endsechzigern entwickelten Primärtherapie[30] wissen, sind viele Neurosen durch Todesangst gebildet: das Kind hat Angst vor dem es misshandelnden Erwachsenen, was zumeist die Eltern oder andere nahe Verwandte sind. Und diese Angst nimmt oft die Form von Todesangst an: der übermächtige, riesenhafte[31] Erwachsene, der das Kind bedroht und in seinem Sinne nur „maßregeln" oder „bändigen" will, wird von dem Kind in dem Moment als Todfeind erfahren und angesehen. Das Kind erfährt diese Vergewaltigung (die durchaus nicht sexuell zu sein hat) im Sinne eines Umgebrachtwerdens. Da es sich für gewöhnlich von die-

---

[29] Von einer Weltbevölkerung von schätzungsweise um die 200 Millionen lebten alleine eine Million im antiken Rom! D.h. 0.5% an einem Ort. Dieser Bevölkerungsverteilung entspräche heute die Größe einer Metropole von 325 Millionen Menschen!

[30] Die Primal Therapy, auch Primal Work und Urschreitherapie genannt. Sie zählt zu den erfolgreichsten Therapien überhaupt. Ist eine andere auch nur annähernd oder gar gleich erfolgreich? Mir ist keine bekannt.

[31] Hier haben viele der unzähligen Mythen der Kämpfe zwischen Zwergen und Giganten ihren Ursprung.

ser Todesangsterfahrung und anderen traumatisierenden Erfahrungen in seinem familiären Umfeld, wo die verletzenden Menschen nach wie vor Macht ausüben, nicht erholen und somit nicht heilen kann, entwickelt es ein neurotisches Verhalten, das von dieser verdrängten, aber in der Tiefe des Unterbewusstseins weiterhin hochaktiven Todesangst und anderen Ängsten genährt wird.[32]

Der große Teil der Menschheit ist davon betroffen. Die meisten Menschen tragen die Todesangst, zumeist verursacht und weitergegeben durch ihre nächsten Familienangehörigen, stets mit und in sich, und diese Ängste behindern ihre Bewusstseins- und Lebensentfaltung. Die Verwandten geben damit ihre eigenen Primärschmerzen, ganz im Sinne des Freudschen Wiederholungszwangs, weiter, seien es nun ihre eigenen, als Erwachsene erlittenen, oder ihre als Kind durchlebten Primärschmerzerlebnisse.[33]

Primal Pain selbst ist Ergebnis kultureller Spannung und somit unmittelbares Ergebnis von zu hoher Bevölkerungsdichte und wird von Generation zu Generation in zwanghafter Wiederholung schmerzverursachend weitergegeben und erhöht und differenziert sich mit der Zunahme an Menschen.

Es ist sie, diese Angst, die uns so unglaublich erfinderisch hat werden lassen. Denn ohne diese Angst, d.h. ohne das Vorhandensein von uns feindlich gesonnenen anderen Menschen und bei ausreichendem Raum, hätten wir der Übervölkerung durch Fortziehen und somit Umverteilung aus dem Wege gehen können. Und wären damit kulturell auf dem Entwicklungsstand von Sammlern, Fischern und Jägern geblieben. Denn es ist altbekannt, dass der so genannte zivilisatorische „Fort-

---

[32] Anm. d. Hrsg.: Gewalt ist hier in einem umfassenderen Sinne gemeint: „Jedesmal, wenn ein Kind nicht in den Arm genommen wird, obwohl es das Bedürfnis danach hat, jedesmal, wenn ihm der Mund verboten, es ausgelacht, nicht beachtet oder überfordert wird, wird sein ‚Fundus‘ gewichtiger." Arthur Janov, Der Urschrei, Frankf./Main 1988, S. 18

[33] In diesem Sinne kann auch der Satz aus dem Alten Testament verstanden werden: „Der Herr ist geduldig und von großer Barmherzigkeit und vergibt Missetat und Übertretung, aber er lässt niemand ungestraft, sondern sucht heim die Missetat der Väter an den Kindern bis ins dritte und vierte Glied." 4. Mose, 14,18

schritt" nicht von Menschen gewollt und geplant worden ist, sondern sich schlicht und einfach ereignet hat.[34]

Er ist nicht das Ergebnis des Wollens gewesen, sondern des Müssens, er folgte den Notwendigkeiten. Not macht bekanntlich erfinderisch.[35], und die Not der Enge führte zu der Angst, die uns hat angreifen und verteidigen, wegziehen und erobern, ackern, hämmern, bauen, stilisieren, dichten, malen… lassen.[36]

Norbert Elias hat den Prozess des Kultur- und Gesellschaftswandels folgendermaßen beispielhaft beschrieben und erklärt: „Wenn man die Hinterlassenschaft der Vergangenheit betrachtet, wie eine Art von ästhetischem Bilderbuch, wenn etwa der Blick vor allem auf den Wandel der „Stile" gerichtet ist, dann kann man leicht den Eindruck gewinnen, als habe sich von Zeit zu Zeit der Geschmack oder die Seele der Menschen, gleichsam sprunghaft, durch eine plötzliche Mutation von innen her gewandelt: Nun sind es „gotische Menschen", nun „Menschen der Renaissance", die man vor sich sieht, und nun „Menschen des Barock". (…) Alle diese Veränderungen vollziehen sich geraume Zeit hindurch immer ganz langsam, in kleinen Schritten und zum guten Teil lautlos für Ohren, die nur die großen, weithin schallenden Ereignisse aufzunehmen imstande sind. Die großen Explosionen, in denen sich Dasein und Haltung der einzelnen Menschen ruckartig und darum besonders spürbar wandeln, sind nichts als Teilerscheinungen innerhalb solcher langwieriger und oft

---

[34] Es gibt keinen kulturellen Blueprint. Und da, wo es Vorstellungen in Sachen kultureller Zukunft gegeben hatte, hat die tatsächliche Zivilisationsentwicklung im Allgemeinen die Vertreter solcher Ideen für gewöhnlich eines Besseren belehrt.

Solange wir fortfahren, den Prozess der Zivilisierung nur als von uns Menschen gemacht zu verstehen, werden wir fortfahren, im Dunkeln zu tappen. Nur wenn wir bereit sind, diesen Prozess als natur-, haus- und bio-gemacht zu verstehen, werden wir erfolgreich sein. Nur wenn wir uns, den Menschen, als den getriebenen Treiber erkennen, beginnt alles Sinn zu machen (beginnen uns die Schuppen von den Augen zu fallen).

[35] Auf English: „Necessity is the mother of invention."

[36] Der Widerstand vieler Menschen und ganzer Gruppen gegen den sogenannten „Fortschritt", gegen das was fortschreitet, was ist, welches sich durchsetzt, ist dafür sprechendes Beispiel: seien es Computer, Autos, Bomben, andere Waffen, wie solche aus abgereichertem Uran, früher sicherlich auch einmal das Schwert, der Pflug…

fast unmerklicher, gesellschaftlicher Umlagerungen, deren Wirkung nur beim Vergleich verschiedener Generationen, bei der Konfrontierung des gesellschaftlichen Schicksals der Väter mit dem der Söhne und Enkel fassbar wird. So verhält es sich mit der Verhöflichung der Krieger, mit jener Veränderung, in deren Verlauf an die Stelle einer Oberschicht von freien Rittern eine Oberschicht von Höflingen tritt. Selbst in den letzten Phasen dieses Prozesses mögen noch immer viele Einzelne die Erfüllung ihres Daseins, ihrer Wünsche, Affekte und Begabungen in einem Leben als freie Ritter sehen; aber alle diese Begabungen und Affekte werden nun durch eine langsame Umgestaltung der menschlichen Beziehungen mehr und mehr unauslebbar: die Funktionen, die ihnen Raum gaben, verschwinden aus dem Gefüge des Menschengeflechts. (...) Wie etwa die gesellschaftliche Institution einer Fabrik nicht fassbar ist, wenn man es sich nicht aus dem Aufbau des ganzen, sozialen Feldes, das immer wieder Fabriken erzeugt, verständlich zu machen sucht, warum hier Menschen darauf angewiesen sind, als Angestellte oder Arbeiter einem Unternehmer Dienste zu leisten, und warum der Unternehmer seinerseits auf solche Dienste und Leistungen angewiesen ist, genau so ist auch die gesellschaftliche Institution des absolutistischen Hofes unfasslich, wenn man nicht die Bedürfnisformel kennt, nämlich Art und Maß der wechselseitigen Angewiesenheit, durch die Menschen verschiedener Art in dieser Form zusammengebunden und zusammengehalten wurden. Erst so erscheint der Hof, wie er wirklich war, vor unseren Augen; erst so verliert er das Aussehen einer zufälligen oder willkürlich geschaffenen Gruppierung, nach deren ‚Warum‘ zu fragen weder möglich noch nötig ist, und er gewinnt den Sinn eines Geflechts von menschlichen Beziehungen, das sich eine Zeitlang stets wieder in dieser Weise herstellte, weil es vielen einzelnen Menschen Chancen zur Befriedigung bestimmter, immer von neuem in ihnen gesellschaftlich gezüchteter Bedürfnisse oder Angewiesenheiten bot." [37] Um auf die wesentliche Ursache der

---

[37] N. Elias, Über den Prozess der Zivilisation, Bd. 2; S. 362ff. (Hinzuzufügen wäre nur noch, dass diese „gesellschaftlich gezüchteten Bedürfnisse oder Angewiesenheiten" allesamt auf wichtigen natürlichen Grundbedürfnissen beruhen). Norbert Elias vergisst leider nur in seiner gesamten Analyse der Herausbildung der europäischen Gesellschaften zu berücksichtigen und somit zu erwähnen, dass für die Umbildung nach 1542 in internationale, in- und außereuropäische Kolonialgesellschaften, deren Zentren sich in den sich heranbildenden europäischen Nationalstaaten entwickelten und entfalteten, zu einem wesentlichen Anteil ihre Umformungsenergie aus der Internationalisierung und der Werteerzeugung

Not zurückzukommen: Es war und ist unsere hohe Zahl, die es uns nicht mehr erlaubt in ursprünglicherer Art und Weise zu leben und zusammenzuleben. Das Zunehmen unserer Zahl resultiert in Platzverengung und damit in der Notwendigkeit jedes Einzelnen, unter erschwerten Ressourcenbedingungen mit höherer Anspannung seine Intelligenz anzuwenden, um sein Leben verteidigen und fristen zu können. Wobei hier die Innen- und Außenseite der Gruppe, zu der jeder Mensch gehört, von großer Bedeutung ist. Denn es gelten prinzipiell zwei Arten von Moral in Sachen Recht: die nach innen und die nach außen. Den Nächsten in der eigenen Gruppe wenigstens achten, wenn nicht gar lieben, was aber nicht für Mitglieder anderer Gruppen gilt. Für die gibt es Missachtung, bei erhöhter Anspannung Verachtung und im Falle des Ausbruchs eines Krieges gar vollkommenes Vergessen jeden menschlichen Mitgefühls, und dann gilt nur noch mein Leben gegen das des anderen.

Da sich jedoch Bevölkerungen in der Vergangenheit nur sehr geringfügig vermehrt haben, ist den Menschen, die die Geschichte gelebt und gemacht haben, die

---

in den Kolonien und deren Verlagerung in die Mutterländer verantwortlich ist. Ohne die Berücksichtigung dieser Energien wird der Hofbildungs- und Nationalstaatenbildungsprozess nur notdürftig und somit ungenügend verstanden.

Dass er den Prozess der Bereicherung Europas durch die Unterwerfung des Rests der Welt seit 1492 tatsächlich nicht verstanden hat, geht aus dem folgenden Zitat deutlich hervor: „Aber die Tatsache, dass in unseren Tagen, genau wie früher, die Verflechtungszwänge zu solchen Auseinandersetzungen, zur Bildung von Gewaltmonopolen über größere Teile der Erde und damit, durch alle Schrecken und Kämpfe, zu deren Pazifizierung weiterdrängen, ist deutlich genug. Und man sieht, wie gesagt, hinter den Spannungen der Erdteile, und zum Teil in sie verwoben, bereits die Spannungen der nächsten Stufe auftauchen. Man sieht die ersten Umrisse eines erdumfassenden Spannungssystems von Staatenbünden, von überstaatlichen Einheiten verschiedener Art, Vorspiele von Ausscheidungs- und Vormachtkämpfen über die ganze Erde hin, Voraussetzung für die Bildung eines irdischen Gewaltmonopols, eines politischen Zentralinstituts der Erde und damit auch für deren Pazifizierung." N. Elias, Über den Prozess der Zivilisation, Bd. 2; S.452.

Hier kommt mehr Hoffnung zum Ausdruck als tatsächliches Verstehen. Und mehr noch, wenn mensch bedenkt, dass er das in den Jahren schrieb, die unmittelbar dem Zweiten Weltkrieg vorausgingen. Im abschließenden Teil seines „Entwurfs zu einer Theorie der Zivilisation" schreibt er auch kein Wort mehr zur Bevölkerungsdynamik und den aus ihr folgenden gesellschaftlichen Transformationsprozessen, die er bis 1592 so überaus gut verstanden zu haben schien.

Umsetzung der Vermehrung in die Veränderung der Art des Zusammenlebens nicht klar geworden. Sie haben zwar bemerkt, dass mit einem neuen Regenten sich auch viele andere Dinge änderten, doch dass Machtstrukturen überhaupt einmal auftauchten und sich vermehrten, und aus welchen Gründen das geschah, das wurde ihnen keineswegs klar. Wenn sie denn überhaupt wahrnahmen, dass es wesentliche Veränderungen gab.

So ist es auch Norbert Elias nicht vollkommen klar geworden, wie sehr die Bevölkerungszunahme das Leben des mittelalterlichen Europäers – denn mit dessen Geschichte befasst er sich im Wesentlichen – verändert hatte. Einerseits merkte er es, andererseits verlor er den Faden, dass die europäischen Gesellschaften sich daran machten, den Rest der Welt zu unterwerfen und zu kolonisieren. Da verfällt er in den gleichen Fehler der meisten Historiker, den kolonialen Mehrwert einfach auszublenden und ihn sogar zu negieren. Und sieht damit nicht, wie sich das „moderne" Europa, genauso wie das antike Rom, durch die Zufuhr von außen in eine sogenannte Hochkultur verwandelt, in der die Künste einen größeren Platz einnehmen, neben den Wissenschaften, und sich ein bürgerliches Leben entfaltet, das ohne die Energiezufuhr aus den Kolonien gar nicht möglich gewesen wäre.

Hier nur ein Beispiel, Gold und Silber aus Lateinamerika:

„In erster Linie war es aber das Silber, das Bolivien für die übrige Welt so interessant machte. Es wurde im Jahre 1545 von den Spaniern im Cerro Rico in der Nähe der Stadt Potosí entdeckt. Die Silberader war so reich, dass der Ertrag dieser einen Mine 99% der Mineralexporte aus Spanisch-Amerika ausmachte, bis in Mexico neue Minen eröffnet wurden. Den Archiven der Casa de Contratación in Sevilla (Spanien) zufolge, wurden von 1545 bis 1660 165.000 kg Gold und 16 Millionen kg Silber nach Europa geschickt….eine Menge, die die damaligen europäischen Reserven um das Dreieinhalbfache überstieg. Aber dies sind nur die offiziellen Zahlen, und da es sehr viel Schmuggel gab, müssen die tatsächlichen Mengen weit höher eingeschätzt werden."[38]

---

[38] Aus Geoff Growther, Südamerika, Travel Aids, Schettler Publikationen, Hatter/am Harz, 1983, S. 266f.

Weiter zu der aus Not entstandenen Angst. Es ist natürlich klar, dass die Angst vor anderen Menschen sich mit der Angst zu verhungern paart. Vor allem dann, wenn einer hungert, während ein anderer zu essen hat und letzterer sein Essen nicht mit dem Hungernden teilt: da ist das Hungern dann direkt mit dem Wohlstand des Essenden verknüpft. Hungern mag niemand, und längerem Hungern folgt unweigerlich der Tod. Aus dieser doppelten Angst, der zu verhungern und der, von anderen getötet und versklavt zu werden, ergab sich unweigerlich das Verhalten, sich einerseits zu verteidigen und andererseits durch Erzeugung von Körnern und anderen Nahrungsmitteln des Hungers Herr zu werden.[39]

Und wir Menschen haben uns unseren Notwendigkeiten sowohl als Akteure als auch als Opfer angepasst.[40] Wobei die Ursache unser Menschenzuwachs war, für den wir zwar die Ausführenden, nicht aber die eigentlich Verantwortlichen sind und waren.

Es ist auch hier ein häufiger und weit verbreiteter Irrtum, dass wir die eigentlichen, weil „bewussten", „Verursacher" und somit die Herren unserer Vermehrung sind bzw. gewesen sind.[41] Zum einen ist dieses Argument anthropozentristisch und somit unbiologisch. Damit sollte eigentlich schon alles gesagt sein. Da dieses Argument aber für die meisten heutigen Menschen geistig nicht nachvollziehbar ist und somit nicht ausreicht, sei gesagt, dass wir in jedem Fall nicht die Verursacher unserer eigenen inneren Veränderungen waren und sind, sondern allenfalls die Ausführenden. So wie sich jede Veränderung jeder anderen Tier- oder Pflanzenart an ihre Umwelt als Anpassungsleistung vollzieht, die durchaus ihre tieferen inneren Aus-

---

[39] Die Tradition des Lent (engl. Lenz, ein anderes Wort für Frühling im Deutschen) und des österlichen Fastens stammen aus der saisonalen Knappheit von Essen am Ende des Winters.

[40] „Der Mensch macht seine Geschichte nicht aus freien Stücken, aber er macht sie selbst." Zitat von Rosa Luxemburg, Gesammelte Werke, Band 1, Teilband 2. Seite 155

[41] Allein die Tatsache, dass wir uns erst seit gerade einmal 200 Jahren und intensiver sogar erst seit 30 Jahren mit der Frage unserer Vermehrung und ihren Auswirkungen kritisch auseinandersetzen, deutet auf die uns im Wesentlichen unbewusste Vermehrung unserer Art hin. Auch heute wirken selbst viele intellektuelle „Westler" einigermaßen überrascht, wenn Ich erwähne, dass wir, die Menschheit, uns jedes Jahr um ca. 75 Millionen und in ca. 13 Jahren um ca. eine Milliarde vermehren.

wirkungen auf das Leben des jeweiligen Organismus hat, so haben auch unsere Vorfahren ihre Anpassungsleistungen vollzogen und haben uns zu dem gemacht, was wir heute sind. Denn die äußeren Bedingungen sind im Wesentlichen nicht von uns gemacht, obwohl wir sicherlich in besonderen Fällen auch unsere Umwelt mitgestalten, indem wir z. B. unsere Zahl erhöhen. Die Kleine Eiszeit mit ihren Auswirkungen auf unsere Zahl und unser Zusammenleben wird das genügend erhellen.

Im Buch von Gunnar Heinsohn „Die Vernichtung der weisen Frauen"[42] wird aufgezeigt, wie sich in der Kleinen Eiszeit die sozialen Verhältnisse entspannten und damit auch das Machtgefüge und dass die davon negativ per Macht-, Einkommens- und Luxusverlust Betroffenen ein Interesse daran hatten, die verlorengehende Macht aufrechtzuerhalten.

Die Große Eiszeit hat dazu geführt, dass alle anderen Freiheiten beschränkt wurden und teilweise gar nicht mehr existieren.

Wollen wir neue bzw. alte Freiheiten neu wiedererlangen, müssen wir die Freiheit der Fortpflanzung begrenzen. Ob das in der Realität möglich sein wird, steht in den Sternen und es dünkt mir eher unwahrscheinlich. Aber der gedankliche Versuch ist als solcher schon wesentlich mehr wert als Gold, da er richtig betrieben zu immenser Selbst- und Gesellschaftserkenntnis führen kann.

Ist eine Gegend erst einmal besetzt und voll, und das gilt heute genauso wie vor zwei, vier, sechs, acht oder mehr tausend Jahren, heißt es sich fortzubewegen, sich in neue Konfliktzonen zu begeben. Die Angst, verbunden mit neuen Notwendigkeiten der Nahrungsmittelerzeugung, hat uns Menschen sesshaft werden lassen und hält die allermeisten von uns im Stadium der Sesshaftigkeit. Sie hat uns dazu gezwungen, neue Wege zu beschreiten. Aus dem simplen Grund, am Leben bleiben und nicht sterben zu wollen.

Die Notwendigkeit des Sesshaftwerdens ergab sich dabei aus der Abhängigkeit von anbaubaren Gräsern. „Die Domestizierung von Feldfrüchten erhöht die Notwendigkeit von Sesshaftigkeit. Weil Saaten Schutz vor der Ernte als auch nach der

---

[42] Gunnar Heinsohn, Die Vernichtung der weisen Frauen: Beiträge zur Theorie und Geschichte von Bevölkerung und Kindheit, Erftstadt 1985; (2005 4., erweiterte Ausgabe)

Einlagerung brauchen, können menschliche Gruppen genötigt sein, das ganze Jahr über in der Nähe ihrer Felder oder Gärten zu verbleiben. Und weil sich das Lagern der Feldfrüchte und die Investition für die nächste Jahreszeit überlappen, wird ständiges Besetzen von langer Dauer ermutigt. Dauerhafte Dörfer werden die Regel, und die verhältnismäßig schwachen Behausungen von vorübergehenden oder saisonalen Lagern können für substantiellere und dauerhafte Häuser getauscht werden."[43]

Wir sind von Sammlern, Fischern und Jägern nach und nach und über teilweise uns heute sehr lang erscheinende Zeiträume hinweg zu Ackerbauern, Dorf-, später Stadt- und Großstadtbewohnern geworden und haben allerhand entwickelt und gelernt. Wir haben es verstanden, unter Mühen große Überschüsse an landwirtschaftlichen Erzeugnissen herzustellen und haben uns so noch mehr vermehren können.

Jede Bevölkerungsdichte erschafft ihren eigenen Zusammenlebensstil. Insofern ist der Mensch kreativ/prokreativ daran beteiligt. Alle andere „Kreativität" ist Ergebnis der kommunalen/gemeinschaftlichen Prokreativität.

1. Sehr geringe Bevölkerungsdichte	unter 5 km² / Person	Sammler/Jäger/Fischer
2. Leicht erhöhte Bevölkerungsdichte	ca. 2–5 km² / Person	sehr einfache Ackerbauern + 1
3. Mehr erhöhte Bevölkerungsdichte	ca. 1–2 km² / Person	erste Orts-, später Stadtbildung + 2
4. Weitere Verdichtung	ca. 1–10 Pers. pro km²	1.Großstadtbildung + Manufaktur + 3
5. Weitere Verdichtung	ab ca. 30 Pers. pro km²	Industrie + mehr Großstädte + 4

Hinzu kommen Misch- und Übergangsformen.

Derzeit begehen Indien und China den Übergang von Stufe 4 nach 5. In China ist der Urbanisierungsgrad bei ca. 44%[44] der Bevölkerung und in Indien bei ca. 30%[45]. Beide Länder industrialisieren sich, da sie an der Grenze der Autarkie angelangt

---

[43] M. N. Cohen, Health and the Rise of Civilization, S.22, 1989; aus dem Engl. übersetzt vom Autor.

sind und zusehen müssen, wie sie durch Export industrieller Güter Importe von Rohmaterialien, einschließlich Nahrungsmittel organisieren können.

Wie auch bei den traditionellen Industrienationen, die diesen Weg schon im 18., 19. und 20. Jahrhundert begingen, suchen die Neuankömmlinge unter den nicht-mehr-autarken Ländern Reserven anderer Länder für ihre eigene Entwicklung zu finden und zu nutzen. China dringt in Afrika vor, mit Entwicklungs- und Militär(Entwicklungs)hilfe, und Indien versucht sein Glück mit der Entfaltung eigener Computersoftwaretechnologien und sieht zu, mit der Produktion anderer traditionellerer industrieller Produkte auf dem Weltmarkt Werte abzuschöpfen.

Alle Gesellschaftstypen funktionieren so, wie sie funktionieren, weil sie so funktionieren m ü s s e n. Sie haben keinen großen Spielraum, sie können nicht entscheiden (no choice!), es sind alles heikle Gratwanderungen. Die Bevölkerungsdichte jedes Landes zwingt die darin eingeschlossenen Bewohner, eine bestimmte Lebensweise zu entwickeln, die die Bedürfnisse der teilnehmenden Bürger in ausreichendem Masse befriedigt.

Die Gesetzmäßigkeit zivilisatorischer Entwicklung ist abhängig von der Menge an Menschen *und* den ökologisch-materiellen Gegebenheiten und Möglichkeiten.

Wir haben die Palette an möglichen Konflikten, Reibereien und Kriegen erweitert, was keineswegs heißt, dass wir nicht um Frieden bemüht sind. Sicherlich sind wir das oder doch wenigstens viele von uns. Doch da wir nicht klar im Auge hatten,

---

[44] „Fu Wenjuan sagte dazu: ‚China befindet sich derzeit gerade in einem raschen Entwicklungsstadium der Urbanisierung. Im Jahr 2006 ist das Niveau der Urbanisierung von 26,4% im Jahr 1990 auf 43,9% gestiegen. In der Zeit dazwischen sind jährlich über zehn Millionen auf dem Land lebende Menschen in die Stadt umgesiedelt.‘ “
http://de.ce.cn/vermischtes/vermischtes/200704/23/t20070423_187809.shtml.

[45] „Nach den Ergebnissen der jüngsten Volkszählung lebten in Indien am 1. März 2001 1.027.015.247 Personen. Trotz seiner hohen Bevölkerungszahl zählt das Land nach wie vor zu den nur wenig verstädterten Staaten. Über 70% seiner Bevölkerung (742 Mio.) leben nach wie vor auf dem Land in etwa 570.000 Dörfern und Gemeinden. Gleichzeitig beherbergen die etwa 4.000 Städte (im indischen Kontext Siedlungen mit mehr als 5.000 Einwohnern) mehr als 285 Mio. Menschen, was einem Urbanisierungsgrad von 27,8% entspricht.“ http://www.geographie.uni-freiburg.de/ikg/popup_index.php?id=2&thema

dass es unsere eigene Vermehrung allüberall war und ist, die uns die Konflikte beschert hat, war unser Ansinnen nach Frieden von vornherein zum Scheitern verurteilt. Wir haben wohl versucht, und oft vergeblich, Konflikte zu vermeiden und sind dabei bis heute Gefangene unserer Konfliktvermeidungsstrategien geworden.

Wie ein Tier im Käfig ist der Mensch, sich an die viel zu lebensengen Bedingungen anzupassen suchend, zugleich nach Schlupflöchern schauend, reisend, denkend, oder Drogen nehmend (oder alles drei zusammen), zusammen mit seinen Mitmenschen aus seinem ursprünglich unumstrittenen Raum von anderen verjagt, ohne ein Bewusstsein davon, stattdessen vor dem weiten Raum Angst empfindend, ihn verlachend, verdrängend, von ihm träumend, sein einziges wirkliches Heil verspottend, aus Unwissenheit.

 Denn wer handelt, ohne wirklich zu wissen, wird irgendwann unweigerlich scheitern. Denn nur, wer alle wesentlichen Ursachen eines Dings oder Verhaltens oder einer Situation kennt, kann es verstehen und steuern, fördern oder bremsen.

Wir haben bisher Konflikte nur zu vermeiden getrachtet, durch Appelle zur Abrüstung etc. doch sind wir das Grundproblem des Wachstums nicht einmal im Ansatz angegangen.

Vom emotionalen Chaos[46] gar nicht erst zu reden. Dieses wächst ebenso mit der Zahl an Menschen, mit der damit einhergehenden Entfremdung. Entfremdung und emotionales Chaos sind Ausdrücke derselben Ursache: übergroße bzw. übermenschliche Bevölkerungsdichte.

Und es fällt uns immer schwerer, uns gelassen und ruhig zu verhalten. Denn als Kulturen wissen wir immer noch nichts von den Ursachen unserer Unruhe und unseres tagtäglichen Chaos, das sich besonders deutlich und teilweise erschreckend in unseren Großstädten zeigt. Und je größer die Städte sind, umso chaotischer sind sie. Und noch ist unsere geistige Welt mystisch verklärt.

Wir sind erst jetzt, da wir wirklich global zu denken beginnen, in der Lage zu begreifen, dass wir bisher sehr wohl gelernt haben, mit Konflikten umzugehen, und

---

[46] Wilhelm Reich gab ihm in seiner modernen Variante den Namen „emotionelle Pest".

das teilweise auf ganz barbarische Art und Weise: indem wir Kriege führten und führen, andere unterwerfen und ausbeuten, Technologien entwickeln, die es uns ermöglichen, immer brutalere und unmenschlichere Kriege zu führen, unser Zusammenleben mit mehr Artgenossen zu organisieren und auch, die Zahl der menschlichen Mitspieler auf Erden ungemein zu erhöhen – aber auch zu begrenzen. Doch wir haben es bis heute nicht verstanden, diese Probleme wirklich zu lösen, weil wir aufgrund eines Tabus „übersehen" haben, dass unsere Vermehrung und die damit einhergehende hohe Bevölkerungsdichte der Haupt- und wesentliche Grund für all unsere zwischenmenschlichen Konflikte ist – und war.

Wir sind territoriale Tiere, die sich nur dann richtig wohl fühlen, wenn sie viel fruchtbares Land zu ihrer Verfügung haben. Land, auf dem wir ungehindert umherstreifen können und auf dem wir genug – und ohne Konkurrenz miteinander – zu unserer Versorgung finden.

Die Experimente, die John B. Calhoun in den fünfziger Jahren des 20. Jahrhunderts mit Norwegerratten durchführte[47], sollen uns dabei als Anschauungsmaterial dienen, das uns wie in einem Zerrspiegel en miniature unsere eigene zivilisatorische Evolution vor Augen führt und uns, wenn wir nur bereit sind, unsere Augen zu öffnen, zu Sehenden macht.

Calhoun hatte wilde Norwegerratten in ein tausend Quadratmeter („a quarter-acre") großes Gelände gesperrt und ihnen für sie selbst und ihre Nachkommen stets ausreichend Nahrung zukommen lassen. Er beobachtete und beschrieb, wie sich die Norwegerratten vermehrten. Lange veränderte sich nichts in ihrem Sozialverhalten, obwohl die Rattenbevölkerung peu à peu zunahm. Bis ein qualitativer Umschlag stattfand[48]: das soziale Verhalten der Ratten veränderte sich und neues soziales und Sexualverhalten trat zu Tage, das von (und den) Ratten bis dahin unbekannt gewesen war: Kinder wurden zum Teil vernachlässigt und einige starben aufgrund der

---

[47] John B. Calhoun, Population Density and Social Pathology, in: Scientific American, 206 (2): 139 ff. Wiedergegeben in Garrett Hardin: Population, Evolution and Birth Control; San Francisco 1969, S. 101 ff.

[48] Die Dialektiker nennen dies den Umschlag von Quantität in Qualität, im Englischen wird von einem quantum leap (Quantensprung) gesprochen.

Vernachlässigungen, obwohl es für alle stets genügend zu essen gab. Im Allgemeinen wurden die toten Jungen dann von Erwachsenen aufgefressen, was unter nichtüberbevölkerten Bedingungen unbekannt ist. Weibchen, die in einem dichter bewohnten Teil lebten, verloren teilweise die Fähigkeiten zum richtigen Nestbau. Einige Männchen begannen, Weibchen aufzulauern und sie zu belästigen, vor allem wenn jene läufig waren. Ein Verhalten, dass die Ratten normalerweise nicht kannten. Andere Männchen wiederum waren nur noch mit ihresgleichen zusammen. Wieder andere Männchen bauten durch ihren Schutz gegen andere Männchen Gruppen von Weibchen, eine Art Harem, um sich auf.

Auch bei uns haben durch das Überschreiten dieser kritischen Zahl – und das haben wir das erste Mal vor vielen Tausenden von Jahren[49] getan –, Konflikte zwischen uns um Raum und Rechte begonnen: darum, wer was wann wo nehmen oder benutzen darf. Und da unser Bevölkerungsdruck dauerhaft wurde, weil wir es aufgrund unserer biologischen Anlagen und den darin verwobenen Fähigkeiten verstanden, ihn dauerhaft zu machen und ihn sogar zu erhöhen, begannen wir, das Fehlende durch Entwicklung von Landwirtschaft zu ersetzen. Wir begannen, Pflanzen zu kultivieren und Tiere unserem Willen, der aus der Not erwachsen war, zu unterwerfen und auszubeuten.

――――――――――

[49] Was jedoch im Gesamtverlauf unserer Geschichte nur ein sehr kurzer Abschnitt ist. Es gibt allerdings bisher keine Studien zum Zeitpunkt des Umschlags, und wir befinden uns nach wie vor im mystischen Zustand des Nachtrauerns nach dem verlorenen Paradies bzw. dem Goldenen Zeitalter.

Auch ist uns die Zunahme unserer Art überhaupt erst zu Beginn des neunzehnten Jahrhunderts von Thomas Malthus bewusst gemacht worden. Bis dahin gingen die Menschen, die sich überhaupt mit solchen Fragen befassten, davon aus, dass die Menschenzahl zu Zeiten der römischen Antike wesentlich höher gelegen hatte als in der Moderne, obwohl sie mit ca. 200 Millionen nur gut 1/5tel der Weltbevölkerung von 978 Millionen (http://www.un.org/esa/population/publications/ sixbillion/sixbilpart1.pdf) um 1800 umfasste. Wobei die Annahme insofern „stimmte", als Rom zur Zeitenwende ca. eine Million Einwohner hatte – eine Zahl, der London, die größte Menschenansammlung um 1800, mit 959,300 gerade erst nahekam (http://en.wikipedia.org/wiki/History_of_London). Paris hatte 1806 gar erst 650 000 Einwohner (http://cassini.ehess.fr/cassini/fr/html/fiche.php?select_resultat=26207) und es sollte noch einige Jahrzehnte bis zur ersten Million dauern.

Und es gilt sogar bis heute, dass die Zunahme unserer Art bzgl. ihrer Ursachen nicht wirklich tiefschürfend durchforscht worden ist.

Damit fing auch unsere Doppelmoral an: einerseits die Moral nach innen, den eigenen Familien-, Stammes- und später den Nationenmitgliedern gegenüber und andererseits die Moral nach außen, den anderen Familien, Stämmen, Völkern und Nationen gegenüber. Wo es nach innen heißt und hieß: Du sollst nicht töten[50], nicht stehlen, nicht ehebrechen, nicht lügen etc., was alles Werte sind, die unseren Gefühlen unter entspannten Bedingungen entsprechen[51], da heißt und hieß es nach außen, anderen Menschengruppen zugewandt im Ernstfall des Krieges genau das Gegenteil: Du sollst töten, und zwar so viele Gegner, wie es nur eben geht, um Deinen Stamm bzw. Deine Nation zu bewahren und zu sichern, Du darfst und sollst rauben und plündern und vergewaltigen, denn das Recht des Krieges gegen die anderen menschlichen Gruppen ist auf Deiner Seite. Es ist dies etwas grundsätzlich anderes als das Recht innerhalb der eigenen menschlichen Gruppengemeinschaft.

Auch diese Doppelmoral ist Ausdruck unserer Schizophrenie: das Innen sollen und wollen wir lieben und vor dem Außen empfinden wir große Angst. Sie ist Ausdruck unserer Angst vor dem Unbekannten im anderen, und je näher wir unser Gegenüber kennen, desto besser können wir es einschätzen und desto lieber ist es uns. Kennen wir es aber nicht oder nur sehr wenig, umso mehr Angst haben wir vor ihm.

Die Verknappung führte auch zum Verteilungskampf im Inneren, und nicht nur mit dem Außen. Denn nun gab es verschiedene Arten, sich das Leben zu organisieren und zu gewinnen. Leichtere und beschwerlichere. Und der Kampf, der zuerst um Sammel-, Jagd-, Weide-, Fisch- und Pflanzgründe entbrannte, setzte sich bald im sozialen Innenleben der Gruppen fort. Und es entstanden Konflikte darum, wer wo pflanzen und wer wo sammeln und jagen darf, ob gehaltenes Vieh von anderen

---

[50] Wobei es natürlich auch hier wieder mal Ausnahmen gab. Töten war und ist in vielen Kulturen erlaubt als Strafe für sogenannte Verbrecher, Übeltäter und Verräter der Sache der Gruppe und zur Abschreckung für die anderen. Vollzogen wurde das zuerst als Lynchjustiz, und erst später wurde es als fragwürdiges Privileg von dazu speziell eingesetzten autoritären Figuren ausgeübt.

[51] Allesamt Werte, die unseren Gefühlen und ihren Äußerungen unter entspannten Bedingungen entsprechen.

erlegt werden darf etc. Das Privateigentum differenzierte[52] sich damit weiter über die ganz persönlichen Dinge hinaus und es entstand die Frage in Bezug auf Arbeit: wer arbeitet für wen? Und wer darf die Früchte der Arbeit, der eigenen wie der fremden, kosten? Und wer darf wann wo was sich aneignen oder gebrauchen oder gewinnen und wer darf welche Vorrechte ausüben?

All dies Fragen, die wir uns heute immer noch stellen, und Privilegien, um die wir nach wie vor – und je mehr wir sind, desto stärker und aggressiver – streiten und kämpfen. Im Fall des Kampfes um Arbeit – wer arbeitet für wen – kamen einige darauf, andere Stämme zu versklaven und für sich arbeiten zu lassen: die Spartaner versklavten die Heloten, die Arier nach ihrem Eindringen in Indien die Urbewohner Indiens, denen sie das Kastensystem als unausweichliches soziales Korsett auferlegten, die Römer viele Mitglieder anderer Stämme Europas, Nordafrikas und Vorderasiens. Die Azteken verfuhren ähnlich mit den sie umgebenden Stämmen Mittelamerikas und die Inkas ebenso in den Anden Südamerikas. Dies um nur einige der bekanntesten Beispiele anzuführen. Die Sklaverei entwickelte sich nahezu überall, wo die Bevölkerungsdichte und die geografischen Verhältnisse es ermöglichten und die Anforderungen des Lebens es erforderten. Bei weiter gewachsener Bevölkerungsdichte entwickelte sich die innere Sklaverei: die soziale Schichtenbildung[53] entwickelte sich, und damit nahmen die Unterschiede an Macht und Reichtum zu. Aus ehemals sozial egalitären kleinen Gruppen von nicht mehr als 50 Personen entwickelten sich Großstämme mit sozialen Klassen und politisch religiösen Hierarchien. Danach, bei weiterer Bevölkerungszunahme, entwickelte sich das Feudalsystem, in dem sich die Oberschicht die Unterschichten unbedingt, lebenslang und samt deren Nachwuchs verdingte und aneignete.[54] Und mit dem Anwachsen der Städte wurde aus der Feudal- die Lohnsklaverei, die heute nicht mehr nur in der

---

[52] Das Produzieren und Besitzen von mehr Dingen brachte neue Eigentumsverhältnisse. Privater Anbau und andere private Produktion mussten erlernt werden, genauso wie das Achten des privaten Eigentums der anderen.

[53] Im Marxismus wird das Klassenbildungsprozess genannt.

[54] Schon ein bedeutender Teil der Bevölkerung des antiken Athens waren in Schuldsklaverei gefallene Bürger Athens.

westlichen, sondern in der gesamten Welt vorherrscht. In ihr hat der ärmere Teil der Bevölkerung keine andere Chance mehr, als sich als Arbeitskraft zu verdingen. Die Abhängigkeit ist nicht mehr unmittelbar physisch, sondern nur noch materiell, da die Menschen sich aufgrund der großen Dichte und dadurch verschwundener anderer Flucht- und Lebensmöglichkeiten für Lohn oder Gehalt verdingen müssen, um überhaupt am Leben bleiben zu können.

Je mehr Menschen wir geworden sind und werden, desto größer werden die menschlichen Gruppen und somit die menschlich-sachliche Verflechtung und Abhängigkeit mit-, von- und untereinander. Die gegenseitige Abhängigkeit steigt, und die ehemals große Freiheit verringert sich in gleichem Maße und verkümmert zunehmend. Sie wird mehr und mehr abhängig vom Wollen und Handeln der anderen. Neue Regeln müssen erlernt werden, um das Überleben in größeren Gruppen überhaupt zu ermöglichen. Dazu gehört u. a. das Achten des privaten Eigentums des anderen, das zum religiösen Grundgesetz wurde[55], und ebenso, und das aller Voraussicht nach erst einiges später, nach weiterer Differenzierung der Eigentumsverhältnisse, auch das „Du sollst nicht begehren deines Nächsten Weib, Knecht, Magd, Vieh noch alles, was dein Nächster hat"[56]. Was später natürlich – da nicht Teil der menschlichen Natur unter Verhältnissen von Enge – auch zivil- und strafrechtlich untermauert wurde.

So verschwand die einst in kleinen Stämmen vorhandene soziale Gleichheit[57] und machte zunehmend größer werdender sozialer Ungerechtigkeit Platz. Da mit mehr Menschen die Konkurrenz jedes gegen jeden zunimmt, wächst die Kluft zwischen Arm und Reich mit jedem zusätzlichen Mitmenschen.

Und mit dem Mehrwerden nehmen auch die Regeln und Gesetze zu: Was in Kleinstämmen noch ein von allen erwachsenen Stammesmitgliedern mehr oder we-

---

[55] „Du sollst nicht begehren Deines Nächsten Haus." Neuntes Gebot des jüdisch, christl. und muslimischen Ethikkanons.

[56] „Du sollst nicht begehren deines Nächsten Weib, Knecht, Magd, Vieh noch alles, was dein Nächster hat." Zehntes Gebot desselben. Ähnliche Verbote finden wir in nahezu allen Kulturen, je nach dem Stand der Differenzierung der Eigentumsverhältnisse.

[57] Zitat aus Guns, Sperm and Steel v. Jared Diamond. (Arbeitshinweis von Ona Radtke)

niger auswendig gewusster Verhaltenskodex ist, schwillt mit der Zeit und mit der Zunahme an Menschen an, wird schließlich schriftlich und nimmt später im Bücherregal Meter um Meter zu, bis es niemanden mehr gibt, nicht einmal mehr die Rechtsgelehrten selber, die alle Regeln, Verordnungen und Gesetze noch wirklich kennen würden. Geschweige denn auswendig. Die Gesetze, Verordnungen etc. werden, da im allgemeinen nicht wirklich verstanden, den Mitgliedern der Gesellschaft mit Gewalt bzw. deren Androhung (Strafen) beigebracht (direkt – per polizeilicher und militärischer Gewalt bzw. indirekt – durch familiäre und andere Gewalt zwischen den Mitgliedern der Gesellschaft).

Die überwiegende Zahl der Neuankömmlinge wird tragischerweise von den ärmeren und machtloseren Menschen in die Welt gesetzt[58], in der trügerischen Hoffnung, dass ihr Familienzuwachs auch ihre soziale Macht als Familie vergrößern möge[59]. Doch das Gegenteil ist für gewöhnlich der Fall, da die Zunahme an Menschen auch eine Zunahme des ökonomischen und sozialen Drucks bedeutet, dem dann besonders die Ärmeren und Schwächeren zum Opfer fallen.

So wächst die soziale Pyramide, und je höher sie aufgrund der Anzahl der beteiligten Menschen wird, desto größer wird die Kluft zwischen Arm und Reich.

Dabei ist es so, dass wir alle gegen den sozialen Abstieg und um den sozialen Aufstieg kämpfen. Es ist nicht, dass „die"[60] Reichen so besonders reich sind, weil sie sich als Klasse so unverschämt bereichert haben[61] – obwohl es angesichts der massiven

---

[58] Ausnahme s. bei Robert B. Edgerton, Sick Societies (im Deutschen: Trügerische Paradiese, Der Mythos von den glücklichen Naturvölkern) Free Press, A Division of Macmillan, Inc., USA 1992, S.60ff. ausführen!! (Arbeitshinweis von Ona Radtke)

[59] Wobei die Menschen für gewöhnlich dem Gruppengebot folgen, dass viele Kinder zu zeugen gut ist, weil sie zur Stärke ihrer Gruppe, sei es ihr Stamm oder ihre Nation, beitragen und daher von großem Wert für die Stärke und das Überleben der Gruppe sind.

[60] „DIE Reichen" ist als solches schon eine eigentlich unzulässige Verallgemeinerung, die Ich aber wegen des allgemeinen Sprachgebrauchs hier illustrativ verwende.

[61] Wobei Ich keineswegs übersehe, dass natürlich die Geschichte sowohl der Klassen als auch der Kolonialisierung und teilweisen Kolonisierung der Welt durch Europa (sowie in anderen Fällen) durchaus auch ein „Klassenverhalten" von Stämmen und Nationen als rassistischer Klasse (vgl. Die Erklärung

Armut vor allem in der so genannten Dritten Welt so zu sein scheint und in Einzel-fällen sicherlich auch der Fall ist – und somit für die Armut der Armen unmittelbar verantwortlich sind. Sondern es ist die Armut, die aus dem früheren allgemeinen Reichtum an Land und Naturbesitz hervorgegangen ist, weil der frühere Reichtum durch mehr und mehr Menschen geteilt werden musste, bis immer weniger und am Ende trotz hohen Arbeitsaufwands und riesiger Produktivitätssteigerungen für viele außer dem nackten Überleben nur noch sehr wenig übrig geblieben ist und für viele Menschen es heute schon ein Segen zu sein scheint, wenn sie nicht verhungern. Dieser Kampf gegen den Abstieg hat auch unser modernes hektisches Gebaren im Gefolge. Wir strengen uns an, damit wir auf der seit über 500 Jahren global gewor-denen sozialen Stufenleiter möglichst weit oben mitschwimmen – gegen den Sog des allgemeinen sozialen Abstiegs. Und je mehr wir auf engem Gebiet zusammen leben und von Gütern und Produkten von anderswoher abhängig werden, desto doller wird der Stress unseres Lebens, den die englisch sprechenden Völker nicht grundlos Rattenrennen (rat race) nennen.

Zu den Hochzeiten der Sammler- und Jägerepoche hatte ein-e jede-r Stammesge-nossIn wenigstens zwischen 10 und 20 km2 an Land zu ihrer/seiner Verfügung (und zum Beginn der Ausweitung unserer Art auf dem Globus wohl noch wesentlich mehr), wobei das im Selbstverständnis der Menschen jener Epoche aller Wahr-scheinlichkeit nach noch Stammesbesitz war und nicht als Privatbesitz galt, denn die Notwendigkeit der Differenzierung zwischen Gruppen- und Privatbesitz war angesichts eines solchen Reichtums noch gar nicht notwendig geworden .

Der Privatbesitz kristallisierte sich erst peu à peu heraus, den Notwendigkeiten der Individualwirtschaft folgend. Als unsere Vorfahren begannen, sich in Afrika auszudehnen und danach auf andere Kontinente zu gehen, hatten die Ankömmlin-ge noch immense, von anderen Menschen unbewohnte Weiten vor sich.

---

von Papst Alexander, der die Uramerikaner als Tiere und nicht als Menschen qualifizierte und sie da-mit ungehinderter Ausbeutung und Unterdrückung durch die Europäer Preis gab) in Aktion gesehen hatte und hat. Doch ist das nicht ursächlich für das sich Entwickeln der allgemeinen Armut, sondern eher eine, wenngleich auch regelmäßig auftauchende, Seitenerscheinung und Ausdruck des Kampfes jedes gegen jeden mit den jeweils entsprechenden Bündnissen, die wir zu allen Zeiten während der Zi-vilisationsentwicklung beobachten können.

Uns heute vorzustellen, dass wir alle so reich wären und uns so viel Land kaufen könnten, wird generell als irreal und fantastisch angesehen und schnell als übertrieben abgetan. Dabei waren wir, unsere Vorfahren, es für die mit großem Abstand längste Zeit unserer Existenz auf Erden. Doch dass heutzutage nicht einmal mehr die reichsten Männer der Welt, Bill Gates bzw. Warren Buffett, sich soviel Land für sich und ihre Familien auf der – zugegebenermaßen aufgrund von hoher Nachfrage sehr teuren – Insel von Manhattan[62], leisten können, sagt schon etwas über das allgemeine und weit verbreitete Vorherrschen von Armut in der heutigen Zeit aus.[63] [64]

Im Laufe unseres Mehrwerdens begannen wir, immer dichtere Siedlungen zu bauen, bis hin zu Städten, Großstädten und metropolitanen Stadtlandschaften, und nannten und nennen es Fortschritt, dass wir mehr und mehr von uns auf immer kleinerem Raum zusammenzupferchen und zu versorgen lernten.

———————————

[62] Manhattan wechselte im 17. Jahrhundert für Waren im Wert von – für in den Augen der Europäer lumpigen – 60 niederländischen Gulden den Besitzer. Es zeigt, dass es damals noch viel mehr Land gab, die Menschen also bei weitem nicht so knauserig damit umgingen wie wir es heutzutage gewohnt sind, und woran wir uns auch aufgrund der Zunahme der Weltbevölkerung auch zunehmend mehr gewöhnen.

„Der Name Manhattan (urspr. Manna-hata) stammt aus einer Algonkin-Indianersprache, dem Lenape und bedeutet etwa ‚hügeliges Land'. Eine Gruppe der Munsee hieß Manhattan (siehe bei Lenni Lenape). Die Algonkin-Indianer waren die ersten Bewohner Manhattans. 1524 sichtet der Italiener Giovanni da Verrazano als erster Europäer die Insel Manhattan. Im 17. Jahrhundert wurde die Insel durch Peter Minuit für Waren im Wert von 60 niederländischen Gulden von den Indianern abgekauft. Manhattan wurde ab 1624 von Holländern besiedelt." http://de.wikipedia.org/wiki/Manhattan.

Wie auch immer der „Handel" tatsächlich gewesen sein mag, ob fair oder unfair, es war in jedem Fall ein im Vergleich zu heutigen Preisen ungemein niedriger Preis, für den die Insel ihre Besitzer wechselte.

[63] Wenngleich nicht unmittelbar ökonomisch gemeint, drückte Walter Benjamin es folgendermaßen aus: „Arm sind wir geworden. Ein Stück des Menschheitserbes nach dem anderen haben wir dahingegeben, oft um ein Hundertstel des Wertes im Leihhaus hinterlegen müssen, um die kleine Münze des „Aktuellen" dafür vorgestreckt zu bekommen." Walter Benjamin, Sprache und Geschichte, Philosophische Essays, Reclam Stuttgart, 1992, S.140.

[64] Selbst die Reichen sind somit im Vergleich arme Wesen. Mensch bedenke alleine, mit wieviel Angst sie vor anderen, vor den materiell ärmeren Menschen leben, dass diese sie überfallen und berauben oder gar umbringen könnten.

Wobei Technologieentwicklung und Bevölkerungswachstum bzw. Bevölkerungsdichte in einem sehr engen Zusammenhang miteinander stehen. :

Viele neue, kompliziertere-als-die-ihr-vorhergegangenen Technologien brauchen ein Mehr an Menschen, um überhaupt entstehen zu können. Denn jede Technologie setzt natürlich eine bestimmte Notwendigkeit voraus, ohne die sie gar nicht erst in die Welt gesetzt werden kann. Wasserleitungen werden erst da nötig, wo es so viele Menschen gibt, dass sie nicht mehr direkt an Süßwasserquellen leben können und das Wasser zu ihnen gebracht werden muss. Das gleiche gilt für Straßen und Brücken, deren Breite, Größe und Festigkeit mit der Notwendigkeit wächst, mehr und schneller Menschen und Dinge von einem zu einem anderen Ort zu befördern, weil es z. B. in Großstädten keine Lebensmittelerzeugung gibt und deswegen Lebensmittel dorthin gebracht werden müssen. Das Bauen von Häusern in die Höhe, was eine festere Bauweise, die entwickelt werden muss, mit einschließt, setzt als Notwendigkeit voraus, dass mehr Menschen zusammen leben und dadurch der Platz so knapp geworden ist, dass es in einstöckiger Lebensweise nicht mehr geht.[65]

Wir entwickelten allerhand Technologien dazu, seien es Wasserleitungen und Pumpen, um Wasser von weit und tief her heranzubringen, seien es Straßen und Transportmittel, um alles Lebensnotwendige heranzuholen, seien es Lichtleitungen, um die Nacht zum Tag machen zu können und um somit die Zeit für unsere Produktivität und Erholung verlängern zu können, seien es Kommunikationssysteme wie Telefone, Computer, Internet, um Informationen auszutauschen zwecks der Rationalisierung des Zusammenlebens, seien es Ausbildungssysteme, um all diese Lebensweise dauerhaft gestalten, ausbauen und an die folgenden Generationen weitergeben zu können.

Ab bestimmten Bevölkerungsdichten müssen neue Technologien entwickelt werden, um entweder die Verteidigung gegen andere zu gewährleisten oder um die Eroberung oder Besiegung anderer zu ermöglichen; oder um lebens- bzw. überlebensnotwendige Mittel wie Luft, Wasser, Nahrung, Kleidung, Brennstoffe, Fortbewegungs- und Kommunikationsmittel für die angewachsene Bevölkerung zu erzeugen

---

[65] Schon das antike Rom kannte bis zu siebenstöckige Holzhochhäuser, die im Falle einer Feuersbrunst allerdings auch sehr leicht abbrennen konnten.

bzw. zu beschaffen bzw. die zu ihrer Erzeugung notwendigen Mittel und Technologien.

Technologien des Kriegswesens[66] waren und sind in der Geschichte oft die führenden Technologien, sei es, um uns gegen die anderen sicher fühlen zu können oder auch um durch einen Vorsprung in diesen Technologien einen beträchtlichen materiellen bzw. strategischen Vorteil gegenüber anderen Gruppen oder Gemeinschaften zu verwirklichen. Kaum war das Sowjetimperium und damit der stärkste Konkurrent der USA um die Weltherrschaft zusammengebrochen, erklärte The Project For A New American Century[67] das 21. Jahrhundert zum Neuen Amerikanischen Jahrhundert.

Im folgenden werde Ich auf Details des von N. Elias so genannten „Geflechts von menschlichen Beziehungen" eingehen und sie auf ihre wesentlichen „Teilbereiche" Macht, Arbeit und Kultur hin abklopfen und darstellen, wie diese Bereiche sich aus unserer Bevölkerungsvermehrung heraus ergaben und sich sukzessiv weiterentwickelten.

Wobei Ich mir vollkommen im Klaren darüber bin, dass dies etwas Künstliches hat, und der Wirklichkeit des zu betrachtenden Objekts nicht gerecht wird. Es hat etwas dem wissenschaftlichen Töten und Sezieren eines Tieres ähnliches, das durchgeführt wird, um zu genaueren Erkenntnissen bzgl. des betreffenden Organismus zu kommen, aber dabei durchaus auch den Nachteil mit sich führt, dass es zum Tod des zu studierenden Objekts führt, das danach in seiner Wesentlichkeit, seiner Lebendigkeit und Gesamtfunktionalität, nicht mehr gesehen und erkannt werden kann.

---

[66] Wir „verdanken" dem Krieg als Technologien: offensichtlich die meisten Waffen und Waffensysteme, (Pfeil und Bogen – wobei nicht klar ist, ob das zuerst im Krieg gegen andere Tierarten [Der Kampf gegen andere Tierarten ist auch eine Art von Krieg! Nur dass wir ihn meistens nicht so nennen. Stattdessen nennen wir ihn Jagd, Metzgern, Schlachten u. Ä. m.] oder gegen andere Menschen eingesetzt worden ist), Lanzen, Feuerwaffen, automatische Waffen, Kriegswagen der Antike, Panzer…), viele verschlüsselte Geheimsprachen, Konservendosen, Internet (das das Pentagon erfand) Satelliten (als Spionage und Informationsüberträger), Laser (zuerst als Waffensystem entwickelt) etc.

[67] Der „Denktank" um George. W. Bush

Ich will mit dem Aspekt der Macht beginnen, da dieser historisch und psychologisch der erste zu sein scheint.

A. Macht

Macht[68] ist Ergebnis von Enge und ist einer der sozialen Ausdrücke von Angst. Macht ist somit kompensierte Angst bzw. Kompensation von Angst. Macht entwickelt sich durch, in und aus Konflikten und Kriegen[69] von Menschen gegen Menschen. Die Enge selbst, die Wut (engl. anger) und somit die zum Krieg notwendigen Anspannungen hervorbringt, ist der Erzeuger und Geburtshelfer von Macht. Politische Macht und das Gerangel darum ist das gruppeninnere Pendant des Krieges. Ihre Ausübung verläuft im Allgemeinen unblutig, jedoch nicht immer. Macht und Politik sind Ausdruck (bzw. die Verlängerung) der kriegerischen Anspannung und des Krieges selber und sie werden so lange unter uns sein, so lange es kriegerische Impulse in uns geben wird. Macht entsteht da, wo mensch sich der Enge durch Flucht nicht mehr entziehen kann. Somit zieht sich einer nach innen zurück, und der andere dominiert über sie/ihn. Krieg und Politik sind beide Ausdrücke des gleichen Drangs zur Macht, der sich aus der Einengung des in uns verankerten Raum- bzw. territorialen Instinkts/Triebes ergibt. Macht ist somit der meist unbewusst bleibende und gebliebene Versuch, den einmal verlorenen inneren Raum, der die Reflektion/Widerspiegelung des verlorenen äußeren Raumes in uns Menschen ist, wiederherzustellen.

Doch die Bevölkerungszunahme wirkt dem entgegen und somit können die Kriege, die wir Menschen im Verlaufe unserer Geschichte geführt haben und fortfahren zu führen, als ein Versuch gesehen werden, der zunehmenden Einschränkung unseres Lebensraumes entgegenzuwirken. Was jedoch solange nutzlos bleiben muss, so-

---

[68] Anm. d. Hrsg.: Im hier verwendeten Sinne als Macht über und gegen andere.

[69] „Der Krieg ist eine bloße Fortsetzung der Politik unter Einbeziehung anderer Mittel." (Carl Philipp Gottlieb von Clausewitz, Vom Kriege I, 1, 24). Die Politik bestimmt demnach durch den Zweck die Anwendung von militärischer Gewalt, also von Krieg, als Mittel zur Lösung eines Konflikts. Der Krieg ist so der Politik immer untergeordnet.

Mao Tse-Tung sagte: „Die politische Macht kommt aus den Gewehrläufen."

lange nicht die wirkliche Ursache des Raumverlustes – die Zunahme an Bevölkerung bzw. die hohe Bevölkerungsdichte – beseitigt sein wird.[70] Und damit wieder mehr Raum vorhanden sein wird.

Unterhalb einer bestimmten[71] Schwelle, wo die Ökologie derart beschaffen ist, dass sie für alle Mitglieder der gegebenen Kleinststämme ausreichend ist, ist keinerlei Grund gegeben, sich in kriegerische Aktivitäten zu begeben und seine Gesundheit oder gar sein Leben zu riskieren, ohne dafür etwas zu gewinnen. Dies zeigt ein Blick auf die Frühgeschichte der Steinzeit – so ungenau er auch wegen der geringen Anzahl von gefundenen Überresten und Artefakten noch ist –, in der Kriege zwischen uns Menschen so lange unbekannt waren, wie wir in – aus der Sichtweise der meisten Zeitgenossen sogar äußerst – gering erscheinender[72] Zahl zusammenlebten.

Wie sich Macht und ihre Ausbildung in Abhängigkeit von Menschenzahl und Umwelt entwickeln, hat J. Diamond sehr treffend anhand der Gesellschaften der polynesischen Inselwelt beschrieben:

„Somit unterschieden sich polynesische Inselgesellschaften gewaltig in ihrer wirtschaftlichen Spezialisierung, sozialen Komplexität, politischen Organisation und in ihren materiellen Produkten je nach Bevölkerungsgröße und -dichte, Größe der Inseln, Zersplitterung, Isolierung und je nach den Möglichkeiten fürs Überleben und für die Intensifizierung der Nahrungsmittelerzeugung. All diese Unterschiede zwischen polynesischen Gesellschaften entwickelten sich innerhalb einer verhältnismässig kurzen Zeit und auf einem geringen Teil der Erdoberfläche als umweltbe-

---

[70] Also voraussichtlich für immer.

[71] Diese Zahl ist natürlich von den Bedingungen der lokalen Ökologie abhängig und ist uns als Zahlenwert noch unbekannt.

[72] Der menschliche Blickwinkel und der Menschen Wertschätzungen ändern sich mit der Zeit und sind auch von Ort zu Ort verschieden. Gibt es nur sehr, sehr wenige Menschen, so erscheint eine auch nur geringfügig größere Konzentration von unsereinen als viel. Andererseits erscheinen heute Menschen, die in großen Städten sozialisiert worden sind, Zahlen aus der Zeit unserer Vorfahren, als sie noch in kleinen Stämmen zusammenlebten und dem Sammeln und der Jagd nachgingen, als vernachlässigenswert gering, dass viele sich so ein Leben und den dazugehörigen weiten, nur von sehr, sehr wenigen Menschen bewohnten Raum, gar nicht einmal mehr vorstellen können.

dingte Varianten einer einzigen angestammten Gesellschaft. Diese Kategorien von kulturellen Unterschieden innerhalb Polynesiens sind im wesentlichen die gleichen Kategorien, die überall auf der ganzen Welt entstanden."[73]

„Was mir einen grundlegend richtigen Blick auf die Staatsbildung zu eröffnen scheint, ist eine unzweifelhafte Tatsache von viel weiterer Gültigkeit als die Beziehung zwischen Bewässerung und der Formierung einiger Staaten – nämlich, dass die Größe der regionalen Bevölkerung der stärkste einzelne Vorhersage-Faktor von gesellschaftlicher Komplexität ist. Wie wir gesehen haben, umfassen Kleinstämme einige wenige Dutzend Individuen, Stämme wenige hundert, Häuptlingstümer wenige tausend bis zu wenigen zehntausend und Staaten im allgemeinen mehr als ca. 50.000 Individuen. Zusätzlich zu dieser groben Beziehung zwischen regionaler Bevölkerungsgröße und der Art von Gesellschaft (Kleinstamm, Stamm usw.), gibt es einen feineren Trend innerhalb jeder dieser Kategorien zwischen Bevölkerung und gesellschaftlicher Komplexität: zum Beispiel, dass Häuptlingstümer mit großen Bevölkerungen generell die zentralisiertesten, vielschichtigsten und komplexesten sind." [74]

„Diese Beziehungen legen stark nahe, dass regionale Bevölkerungsgrößen bzw. Bevölkerungsdichten oder Bevölkerungsdruck *etwas* mit der Herausbildung von komplizierten Gesellschaften zu tun hat. Aber die Beziehungen erzählen uns nicht genau, wie Bevölkerungsvariablen in einer Kette von Ursache und Wirkung funktionieren, deren Ergebnis eine komplexe Gesellschaft ist. Um diese Kette herauszufinden, wollen wir uns daran erinnern, wie große, dichte Bevölkerungen ihrerseits entstehen. Dann können wir untersuchen, warum eine große, aber einfache Gesellschaft sich nicht selbst unterhalten kann. Damit als Hintergrund werden wir am Ende zurückkehren zur Frage, wie eine einfachere Gesellschaft tatsächlich komplexer wird, sobald die regionale Bevölkerung anwächst."[75]

---

[73] Jared Diamond; Guns, Germs and Steel; Vintage, Random House, London, 1998, S. 65 (Zitat übersetzt v. Autor)

[74] Jared Diamond; Guns, Germs and Steel; Vintage, Random House, London, 1998, S. 284. (Hier wie im Folgenden alle Zitate übersetzt vom Autor)

[75] Ebenda.

„Wir haben gesehen, dass große oder dichte Gesellschaften nur unter Bedingungen von Nahrungsmittelerzeugung entstehen, oder wenigstens unter außergewöhnlich produktiven Bedingungen für das Jagen-Sammeln. Einige produktive Jäger-Sammler-Gesellschaften erreichten das Organisationsniveau von Häuptlingstümern, aber keines erreichte das Niveau von Staaten: alle Staaten ernähren ihre Bürger durch Nahrungsmittelerzeugung. Diese Überlegungen, neben der gerade erwähnten Beziehung zwischen regionaler Bevölkerungsgröße und gesellschaftlicher Komplexität, haben zu einer in die Länge gezogenen Henne-Ei-Debatte über das Ursache-Wirkung-Verhältnis zwischen Nahrungsmittelproduktion, Bevölkerungsvariablen und gesellschaftlicher Komplexität geführt. Ist die Ursache die intensive Nahrungsmittelerzeugung, die Bevölkerungswachstum auslöst und somit irgendwie zu einer komplexen Gesellschaft führt? Oder sind stattdessen große Bevölkerungen und komplexe Gesellschaften die Ursache, die irgendwie zu einer Intensifizierung der Nahrungsmittelerzeugung führen?"[76]

„Die Frage in der Entweder-oder-Form zu stellen, geht am Wesentlichen vorbei. Intensivierte Nahrungserzeugung und gesellschaftliche Komplexität stimulieren einander durch Autokatalyse. Das bedeutet, dass Bevölkerungswachstum zu gesellschaftlicher Komplexität führt, durch Mechanismen, die wir noch diskutieren werden, wohingegen andererseits gesellschaftliche Komplexität zu intensivierter Nahrungsmittelerzeugung führt und darüber zu Bevölkerungswachstum. Komplexe, zentralisierte Gesellschaften sind auf einzigartige Weise fähig, öffentliche Arbeiten zu organisieren (Bewässerungssysteme einschließend), Handel über weite Entfernungen (einschliesslich der Einfuhr von Metallen für die Erzeugung besserer landwirtschaftlicher Geräte), und Aktivitäten von verschiedenen Gruppen ökonomischer Spezialisten (solche wie die, Hüter von Herden mit Getreide von Ackerbauern zu versorgen, und das Überstellen von Tieren der Hüter an Bauern für die Benutzung als Pflugtiere) zu organisieren. All diese Fähigkeiten zentralisierter Gesellschaften haben intensivierte Nahrungserzeugung begünstigt und von daher Bevölkerungswachstum während des Verlaufs der Geschichte."[77]

---

[76] Ebenda.

[77] Ebenda.

Staat und Klassen

Doch der Staat entsteht nicht, entgegen dem Glauben der Marxisten und vieler anderer „Linker", auch mancher „Liberaler" und „ Rechter", als eine Funktion der Reichen und somit der wirtschaftlich mächtigen Personen bzw. Gruppen.[78] Der Staat ist zuerst die Organisation einer Gruppe gegen die andere. Und erst später tritt die Klassenfunktion, die Aufrechterhaltung der Macht einer Gruppe über eine andere innerhalb einer Großgruppe hinzu, die Aufrechterhaltung der Macht der Reicheren über die Ärmeren. Diese Funktion des Staates ist Folge zuerst der Differenzierung und größer werdenden Animosität zwischen den Gruppen, des Bekriegens zwischen denselben, des Unterwerfens, Versklavens, Plünderns, Ausbeutens von einer Gruppe durch eine andere: des Kampfes und Krieges also zwischen den Gruppen. Erst mit dem Größerwerden der Gruppen bildet sich später die soziale Differenzierung als Folge des so genannten Kriegsglücks und der Arbeit, aber auch des Glücks und der Geschicklichkeit heraus. Es entstehen die Reichen, die prinzipiell mächtiger und dadurch reicher sind oder es durch ihre Macht werden und dann auch den Staat für sich funktionalisieren zur Aufrechterhaltung und Erschaffung neuer Privilegien g e g e n die Armen bzw. Ärmeren.

Insofern sind die verschiedenen Formwechsel innerhalb der Zeiten größerer Menschengruppen zweitrangig, da sich in ihnen nur die verschiedenen Grade von Überbevölkerung widerspiegeln. Ob Bronze- Eisen- oder Stahlzeitalter, ob mit oder ohne Elektrizität oder Elektronik, bekämpft haben sich die Menschen schon, haben sich vertrieben, unterworfen, versklavt, ausgebeutet....

---

[78] „Die Geschichte aller bisherigen Gesellschaft ist die Geschichte von Klassenkämpfen." (Karl Marx u. Friedrich Engels, Werke, Bd.4, S.459-493; Dietz Verlag Berlin, 1974). Geschichte gilt hier erst ab etwa dem Beginn der geschriebenen Geschichte, erst nachdem mehr Menschen da waren, als sozial ähnlich bzw. gleich hatten existieren können. Auch Klassenkämpfe haben – wie alles andere auch – ihren Anfang gehabt; in Kleinstämmen (Marx und Engels sprachen von „Urkommunismus") waren sie unseres heutigen Wissens nach unbekannt. Somit umfasst die Geschichte der Klassenkämpfe nur den letzten, jüngeren und durchaus erst sehr kurzen, späten Teil unserer Geschichte.

Aber aus all dem zu schließen, dass es schon immer Kriege zwischen uns gab, beantwortet die Frage nicht, wo denn die Kriege zwischen uns begonnen haben, da sie zwischen unseren nahesten Verwandten, den Menschenaffen, im wesentlichen unbekannt sind.[79] Soll sich da „zufällig" ein Kriegsgen eingeschlichen haben, wie uns die Genfanatiker so gerne glauben machen? Da es in ihren Augen allein Zufälle sind, die die Geschichte und Entwicklung bestimmen. Oder was soll sich da zugetragen haben?

Dieses Argument anführen in der Frage, dass Staat und Macht sich nicht der inneren Differenzierung, sondern der äußeren schulden, also der Frage des Kampfes gegen die anderen und nicht gegen die eigenen, (obwohl die anderen auch einmal die eigenen waren, allerdings nicht die ganz eigenen – vgl. dazu die Bhagavat-Gita[79a], eine heilige Hindu-Schrift, die die Frage des Kampfes gegen die eigenen und dessen Notwendigkeit, samt dem damit verbundenen emotional/moralischen Konflikt, den es bedeutet, zu ihrem zentralen Bestandteil macht). Aussen/innen, fremd/eigen ist sicherlich fliessend, aber zähfliessend, dickflüssig. Unsere engste Familie fühlen wir als Innen, eigen, so repressiv sie auch gegen ihre einzelnen Mitglieder sein mag. Dann Großfamilie, verwandte Stämme, Nachbarschaften (weil die eine-r für gewöhnlich besser kennt und somit mehr Vertrauen als zu fremden hat), Großstämme, Grafschaften, Herzogtümer, Königs- und Kaiserreiche, Nationen, Nationenbünde, Rassen, Religionsgemeinschaften, Religionsbündnisse bzw. Religionsverwandtschaften, politische oder sexuelle Bündnisse, Parteien, Sportsvereine, Gewerkschaften, Clubs. Die Verbindungen sind nicht immer kongruent, politische und religiöse Verbindungen können Familien und Völker und Völkerbündnisse (z. B. Christen vs. Islam) trennen und spalten. Auch wechseln die Verbindungen

---

[79] Mit Ausnahme des auf S. 20 in FN 22 angeführten Falles der Tötung eines Schimpansen durch andere Artgenossen. Doch selbst dieser Fall würde bei uns kaum unter die Kategorie „Krieg", sondern eher unter die Kategorien „Totschlag" oder „Mord" fallen.

[79a] [Anm. d. Hrsg.:] Helmuth von Glasenapp (Hrsg.): *Bhagavadgita. Das Lied der Gottheit.* Reclam, Stuttgart 2003. Dort heißt es im „1. Gesang" unter „Niedergeschlagenheit": „Arjuna bittet Krishna, ihn zwischen die beiden Heere zu fahren. Als er auf der Seite der Kurus einen Großteil seiner Verwandten erblickt, hält er es für ungerechtfertigt, gegen sie zu kämpfen."

von Zeit zu Zeit, sind vom geografischen und geistigen Horizont der Menschen abhängig. Aber was allen diesen Verbindungen gleich ist, ist, dass immer nach Verbindungen bzw. Nähe und dem damit einhergehenden Schutz gesucht wird.

Pierre Clastre[80] – wie viele vom Marxismus beeinflusste Anthropologen und Philosophen – versteht nicht, dass der Ursprung des Staates in der der Gruppe äußeren Gewalt liegt, also in der Gewalt gegen andere Gruppen – lange bevor er beginnt, innere Gewalt auszuüben. Es ist sogar so, dass die Aufteilung in Klassen u. a. da beginnt, wo sich die Stärkeren auf der stärkeren Seite im Krieg die Beute ungerecht aufteilen, d.h. dass einige mehr als andere von der Beute bekommen. Was seinerseits schon wieder seine Parallele im Jagen der Schimpansen hat: auch da bekommt der Stärkere mehr ab als der Schwächere. Der Unterschied ist, vor allem, dass es im letzteren Fall gegen andere Arten geht, im ersteren gegen die eigene! Das eine ist Jagd, das andere ist Krieg. Zwischen den beiden gibt es sicherlich Parallelen und Berührungspunkte, keine Frage. Und das Jagen kann in gewisser Weise als Vorfahre des Krieges betrachtet werden, da viele seiner Momente und Bestandteile im Krieg zur Anwendung kommen. Auch die Sprachen beider weisen viele Parallelen auf. Doch haben sie Unterschiede, die letztendlich eine ganz andere, eigene und besondere Dynamik ergeben. Das eine ist Jagd auf Mitglieder anderer Arten, im Krieg wird auf Mitglieder der eigenen Art Jagd gemacht.

Pierre Clastres nannte das Auftauchen des Staates „die wirkliche Revolution in der Protogeschichte der Menschheit." Es ist in seinen Augen nicht „die neolithische, da sie die alte soziale Organisation durchaus intakt lassen kann, sondern die politische Revolution, jenes geheimnisvolle, irreversible, für die primitiven Gesellschaften tödliche Auftauchen dessen, was wir unter dem Namen Staat kennen. (...) Es wäre vergeblich, seinen Ursprung in einer hypothetischen Modifizierung der Produktionsverhältnisse in der primitiven Gesellschaft zu suchen, einer Modifizierung, die, da sie die Gesellschaft allmählich in Reiche und Arme, Ausbeutende und Ausgebeutete teilt, automatisch zur Einsetzung eines Organs zur Ausübung der Macht der ersten über die zweiten führen würde, zum Auftauchen des Staates.")[81]

---

[80] Anm. d. Hrsg.: Vgl. ein längeres Zitat von P. Clastre zum Staat, das im Anhang auf S. 132 steht.

P. Clastres hatte eine Ahnung. Er deutet die Vermassung als mögliche Ursache des Staates an, kann sich aber letztendlich nicht zu einem Urteil durchringen.

Die später, nach dem Erscheinen des Krieges, sich zeigende Differenzierung der Macht, das sich langsam, aber stetige „Aufrichten" der sozialen Horizontalität, ihre Verwandlung in Vertikalität, der einstmals sozialen Gleichheit in Kleingruppen- bzw. kleinen Stämmen, das langsam aber sicher ungleicher werden zu immer neuen Extremen, das Vertikal-Werden in der Gesellschaft, das Erstellen der sozialen Stufenleiter, ist durch nichts anderes getrieben als durch die Vermehrung von Menschen.

Der gleiche Prozess der nun bewusst betriebenen Menschenvermehrung, der die Gruppe sicherer, weil stärker gegen andere machen soll und macht, führt andererseits tendenziell zu größerer innerer Unsicherheit, weil vom gesamtgesellschaftlichen Besitz einer Gruppe immer weniger Menschen immer mehr und immer mehr Menschen immer weniger erhalten und damit am unteren Ende der Stufenleiter die Not zunimmt und zu sozialen Spannungen führt. Bis hin zu multinationalen Konzernen, den „Metropolen" in den kolonialen, imperialen und imperialistischen Systemen.

Mit der Zunahme an Menschen findet Massierung und Vermassung statt. Die Märkte entstehen und wachsen mit der Zahl an Menschen, die Durchschnittsproduktivität des Einzelnen nimmt zu, weil der zunehmende Mangel es erfordert, die Verengung wächst, mensch lebt dichter miteinander zusammen und entfernt sich somit mehr und mehr von den Quellen seiner materiellen Versorgung. Somit verändern sich auch die Strukturen der Märkte wie der Produktion. Die Not der Konkurrenz macht auch hier erfinderisch und bringt neue Technologien, neue Tricks und somit neue Machtbereiche im Großen wie auch im Kleinen – ökonomisch, politisch sowie militärisch hervor. Und desto mehr Ebenen der Konkurrenz, Austragungsorte sozusagen, kommen hinzu.

---

[81] Pierre Clastres; Staatsfeinde; Studien zur politischen Anthropologie; Suhrkamp, Frankfurt/Main 1976; S. 192f.

Der Kampf um Macht findet heute und schon seit geraumer Zeit auf vielen Ebenen und in allen menschlichen Gruppierungen statt, und je mehr Mitspieler die jeweilige Gruppe hat, umso härter wird er ausgetragen, was nicht in jedem Fall mit Gewalttätigkeit gleichgesetzt werden darf. In nahezu jeder Familie ist er zu finden: um bestimmte Vorrechte wie Essen, Privilegien, wer wann mit was dran ist. In Vereinen, in Clubs, bei Wahlen, in politischen Auseinandersetzungen, in Kriegen. Wer wird Vorstand, wer hat das Sagen, wer darf was bestimmen?!? Wir finden überall Rangordnungen, „pecking orders"[82] = Hackordnungen, und je mehr Mitspieler dran teilnehmen, desto höher und steiler werden die sozialen und politischen Pyramiden. Sicherlich, es hängt dann auch von der ökonomischen Stabilität einer Gesellschaft ab, mit wie harten Bandagen innerhalb und gegen andere Gruppen gekämpft wird. Wieviel Pardon es gibt, wieviel Milde bzw. Härte. Dadurch unterscheiden sich Gesellschaften und Sozialsysteme innerhalb einer bestimmten Qualitätsstufe.

Es gibt das Paradoxon, dass andererseits alle Kolonialsysteme in ihrem Innern, in ihrer innersten Gruppe, versuchen, so etwas wie soziale Harmonie zu schaffen, – was sie sich aufgrund der kolonialen Extraprofite auch leisten können. Dieser Hang zur Harmonie ergibt sich einerseits aus dem allgemeinen menschlichen Bedürfnis danach (alle Religionen z. B. verlangen von ihren Anhängern, den Armen Almosen zu geben), andererseits auch daher, dass eine gewisse Reibungslosigkeit das Geschäft des Herrschens, Verwaltens etc. erleichtert. Gesetze sind Versuche, die verlorene Harmonie durch Ausschaltung de[s/r] ‚Bösen' wiederherzustellen. Strafen sollen dabei nicht nur abschreckende, sondern auch erzieherische, bessernde Wirkung haben. Die Listen an Gesetzen werden jedenfalls umso länger, je mehr Menschen und Dichte eine gegebene Gesellschaft hat. Sie werden irgendwann so lang, dass sie

---

[82] Hackordnungen kennen wir auch aus der Tierwelt der Säuger, der Insekten etc. Bei den Säugern gibt es sie um sexuelle Vorrechte und Raum- und Essensordnungen. Doch sind sie da fließender, wechseln oft innerhalb eines Jahres oder weniger Jahre, innerhalb kurzer Zeit. Obwohl wir in diesen Hackordnungen zweifelsfrei die biologische Grundlage unserer Klassengesellschaften erkennen, sollten wir beides weder gleichsetzen noch miteinander verwechseln. Bei uns Menschen verändert sich die Hackordnung in Abhängigkeit von der Zahl der Beteiligten und verschärft sich in Distanz, Skrupellosigkeit, Herzlosigkeit, Brutalität und Brachialität. Siehe die Arbeit von Calhoun etc. auf S. 36.

aufgeschrieben werden müssen. Vorher, in kleinen und auch in größeren Stammesgesellschaften können/sind sie durchaus noch von den Stammesmitgliedern frei er-
innert/erinnerbar werden, wobei es da sicherlich auch von Individuum zu Individuum Unterschiede gibt.

In den modernen/postmodernen Gesellschaften sind die Gesetzeslisten so lang,
dass sie keiner, auch nicht die besten Spezialisten, auch nur annähernd alle kennen
können.

Staat, Bevölkerung und Umwelt

Die Vielfalt und Konzentration von Staatsgebilden und ihre Entwicklung ist von
den ökologischen Gegebenheiten – einschließlich der Menge der Menschen in einem gegebenen Gebiet – abhängig, wie aus folgender Darstellung Jared Diamonds
ersichtlich wird:

„Für kleine isolierte Inseln ohne große Hindernisse für die innere Kommunikation, war die gesamte Insel die politische Einheit – wie im Fall von Anuta, mit seinen
160 Bewohnern. Viele größere Inseln wurden politisch nie vereint, sei es, dass die
Bevölkerung aus verstreuten Kleingruppen mit jeweils wenigen Dutzend Jäger-
Sammlern bestand (die Chathaminseln oder Neu Seeland südliche Südinsel), oder
aber mit Bauern, die in dichter Bevölkerung, aber in unzugänglichem Gelände, das
eine politische Vereinigung ausschloss, lebten. Zum Beispiel kommunizierten die
Menschen in benachbarten steilen Tälern auf den Marquesas-Inseln miteinander
hauptsächlich übers Meer, jedes Tal bildete eine unabhängige politische Einheit von
einigen Tausend Einwohnern, und die meisten einzelnen großen Marquesas-Inseln
blieben in viele solche Einheiten getrennt."[83]

„Die Gelände der Tongaischen, Samoanischen, Gesellschafts- und der Hawaiiani-
schen Inseln erlaubten die politische Vereinigung innerhalb der Inseln, woraus sich
politische Einheiten von 10 oder mehr Menschen (über 30.000 auf den großen Ha-

---

[83] Jared Diamond; Guns, Germs and Steel; Vintage, Random House, London, 1998, S. 63 f. (Übers. v.
Autor)

waii-Inseln) ergaben. Sowohl die Entfernungen zwischen den Inseln des Tongaischen Archipels als auch die Entfernungen zwischen Tonga und benachbarten Ar-
chipelen waren ausreichend gering, sodass schliesslich ein Imperium, bestehend aus
vielen Inseln, mit mehr als 40,000 Bewohnern errichtet wurde. So reichten die politischen Einheiten Polynesiens von einer Größe von wenigen Dutzend bis zu 40,000
Menschen."[84]

„Die soziale Komplexität war ähnlich mannigfaltig. Wiederum hatten die Chathaminseln und die Atolle die einfachsten, egalitärsten Gesellschaften. Während diese Inseln die ursprüngliche polynesische Tradition beibehielten, Häuptlinge zu haben, trugen ihre Häuptlinge kleine oder keine sichtbaren Zeichen des Rangs, lebten
in gewöhnlichen Hütten wie die des gemeinen Volkes und bauten ihr Essen an bzw.
fingen es wie sonst jedermann. Soziale Ränge und Häuptlingsmacht nahmen auf
dicht besiedelten Inseln mit großen politischen Einheiten zu, und auf Tonga und
den Gesellschaftsinseln waren sie besonders ausgeprägt."[85]

„Die soziale Komplexität erreichte wiederum ihren Gipfel auf dem Hawaiischen
Archipel, wo Menschen aus Häuptlingsfamilien in acht hierarchisch aufgebaute
Stammbäume geteilt waren. Mitglieder dieser Häuptlingsabstammungen verheira-
teten sich nicht mit Menschen aus dem gemeinen Volk, sondern nur untereinander,
manchmal sogar mit Geschwistern oder Halbgeschwistern. Das gemeine Volk
musste sich vor hohen Häuptlingen niederwerfen. Alle Mitglieder von Häuptlingsli-
nien, Bürokraten und einigen Handwerksspezialisten waren von der Arbeit der
Nahrungsmittelerzeugung befreit."[86]

„Die politische Organisation folgte denselben Trends. Auf den Chathaminseln
und den Atollen hatten die Häuptlinge wenige Ressourcen unter ihrer Kontrolle,
Entscheidungen wurden durch allgemeine Diskussion erreicht und das Landeigen-
tumsrecht lag eher bei der Gemeinschaft als ganzer als bei den Häuptlingen. Größere, dichter besiedelte politische Einheiten konzentrierten mehr Autorität bei den

---

[84] Ebenda.

[85] Ebenda.

[86] Ebenda.

Häuptlingen. Politische Komplexität war am ausgeprägtesten auf Tonga und Hawaii, wo sich die Macht der Erbhäuptlinge der von Königen anderswo in der Welt annäherte und wo das Land von den Häuptlingen kontrolliert wurde und nicht vom (gemeinen) Volk. Die Häuptlinge benutzten ernannte Bürokraten als Agenten und verlangten Nahrung vom (gemeinen) Volk und verpflichteten es, in großen Bau-projekten, die von Insel zu Insel variierten, zu arbeiten: Bewässerungsprojekte auf Tonga und Tempel auf Hawaii, den Gesellschaftsinseln und auf der Osterinsel."[87]

„Zur Zeit der Ankunft der Europäer im 18. Jahrhundert war das Häuptlingstum oder der Staat von Tonga schon zu einem Interarchipel-Imperium herangewachsen. Da der Archipel von Tonga selbst geographisch eng verbunden war und verschiedene große Inseln mit ungebrochenem Gelände einschloss, wurde jede Insel unter einem einzigen Häuptling vereinigt; danach vereinten die Erbhäuptlinge der größten Insel Tongas (Tongatapu) den ganzen Archipel und schließlich eroberten sie Inseln außerhalb des Archipels bis zu einer Entfernung von 500 Meilen[88]. Sie betrieben regelmässig Handel auf weite Entfernungen mit Fidschi und Samoa, errichteten Siedlungen von Tonganern auf Fidschi und begannen, Fidschi zu überfallen und es teilweise zu erobern. Die Eroberung und die Verwaltung des maritimen Proto-Imperiums wurde durch Flotten von großen Kanus, von denen jedes bis zu 150 Männer aufnehmen konnte, erreicht."[89]

Patriarchat

Als Ausdruck des gleichen ökologischen Drucks und der daraus resultierenden Konkurrenz zwischen uns Menschen, begannen wir auch, Hierarchien im Inneren unserer Gruppen um Vorrechte und Gewinne aufzubauen. Die ersten Leidtragenden waren aller Wahrscheinlichkeit nach die Frauen im Außen und Innern, das so

---

[87] Ebenda.

[88] = 800 km.

[89] Ebenda.

genannte schwache Geschlecht. Im Allgemeinfall oblag es den Männern[90], die Gruppe gegen andere zu schützen und sich dafür kämpferisch-militärisch zu rüsten und zu bilden. Heimtücke, List, Verrat, Lug und Trug wurden neben Mut, Entschlossenheit, Ausdauer, Muskelkraft und Geschick zu Waffen des Mannes, die er im Fall von Unzufriedenheit und Enttäuschung nur allzu leicht auch gegen Mitglieder der eigenen Gruppe richtete – und richtet. Und da die Frauen zwar physisch und psychisch stark, aber in diesem militärischen Wettlauf außen vorblieben, waren sie für die Männer leichte Beute, und sie wurden zusammen mit ihren Kindern die ersten Opfer des beginnenden Machismo.

Wobei zu beachten ist, dass damals weder Frau noch Mann von der Vaterschaft des Mannes auch nur die geringste Ahnung hatten.[91] Es war ihnen vollkommen unbekannt, dass der Mann überhaupt eine Rolle bei der Fortpflanzung spielt. Weswegen z. B. beim Tod der Mutter in vielen Kulturen die Rechte und Pflichten bzgl. ihrer Kinder häufig von ihren Brüdern wahrgenommen wurden, nicht aber von ihrem Gefährten, dem wahrscheinlich genetischen, aber noch nicht als solchem erkannten Vater ihrer und seiner Kinder[92].

Das formale Patriarchat mit voller Gewalt des Mannes gegen die Frau setzte aber erst vor ca. 2.500 Jahren v. u. Z. mit der Entdeckung der Fruchtbarkeit des Mannes und damit seiner zusätzlichen Rolle als leiblicher zum (neben dem) sozialen Vater ein. Ursachen und Beginn des Krieges: das „Härten" bzw. Hartmachen des Mannes durch Unterdrückung seiner Gefühlsäußerungen wie Weinen und Schreien scheint mir ein Zuchtinteresse der Frau zu sein, die dadurch in ihrer Not versuchte, ihre männlichen Nachkommen, deren Erziehung in der frühen Kindheit v.a. sie besorgt,

---

[90] Es scheint mir dies schon Ergebnis der Konditionierung des Mannes durch die Frau, da es ein – allerdings biologisches – Interesse der Frau zum Hintergrund hat.

[91] Noch bis heute bzw. bis vor kurzem gab es Stämme, denen die Vaterschaft unbekannt war und ist. (Anmerkung der Herausgeber: Zum Beispiel: Trobriander in Papua Neuguinea, vgl. http://www.wedernoch.de/thesen/z_matri3.htm)

[92] Siehe dazu: Starhawk, Autorin von „Truth and Dare" (San Francisco, HarperSanFrancisco, 1988) und Barbara G. Walker: „The Woman's Encyclopedia of Myths and Secrets", Ort + HarperOne; 1 edition (November 30, 1983)

zu instrumentalisieren und für die Verteidigung ihrer Gruppe aus- und abzurichten.

Dieses Verbieten des Weinens des Mannes ist ein Tabu, das dann auch – per Training – von Männern angenommen und weiterverbreitet wurde, so wie umgekehrt Kliterektomie prinzipiell männlichen Sexualinteressen zu folgen scheint, aber auch in den Kulturen, in denen es Tradition ist, von Frauen an Frauen verübt wird.

Er wurde damals Patriarch, übernahm alle Regierungs- und Verwaltungsgeschäfte und errichtete die Diktatur des Mannes über die Frau, die fast 4.000 Jahre ununterbrochen halten sollte und die immer noch in vielen Ländern und Kulturen die ungebrochene Regel ist. Die Entdeckung der Fruchtbarkeit des Mannes wurde wahrscheinlich gemacht, als bei Zuchtoptimierungsversuchen von Rindern oder anderen domestizierten Tieren die nach Ansicht der Menschen allein fruchtbaren Weibchen unter Ausschluss von nach damaliger Auffassung unfruchtbaren Männchen keine Steigerung der Nachwuchszahl, sondern ein absolutes Fortpflanzungsfiasko erbrachte: statt der erwarteten Zunahme an Nachwuchs blieb jeder Nachwuchs aus!

Die Menschen – möglicherweise mit den Männern beginnend, aber gut möglich, dass es auch die in der Landwirtschaft tätigen Frauen selber waren, die es erkannten – kamen damals zu der Überzeugung, dass für die Fortpflanzung nicht nur die Frau, sondern ebenso der Mann nötig ist. Und von den Männern wurde dann daraus geschlussfolgert, dass es im Wesentlichen nur der Mann sei, der das bewerkstellige, wohingegen die Frau alleine das Behältnis zur Austragung der männlichen Samensfrucht darstelle.[93]

Und es wurde – wie so oft in unserer Geschichte – falsch geschlussfolgert: die Doktrin des Tages wurde, dass es die Männer seien, die die entscheidende Rolle bei der Fortpflanzung spielten, und dass die Frauen nur der Ausbrütungsort des männlichen Samens seien. Da das kriegerische Leiden hauptsächlich bei den Männern

---

[93] Das war möglicherweise eine Umkehrreaktion auf die bis dahin in sozialen und politischen Fragen dominante Frau, der durch ihre Fruchtbarkeit die Stärke des Stammes geschuldet war. Bis heute weigert sich die noch immer männerdominierte Geschichtswissenschaft, die vorpatriarchalische Rolle der Frau zu würdigen und darzustellen.

lag, nahmen sie das Zepter vollkommen in ihre Hand und die Frauen wurden auf Statistenplätze verwiesen und von den Männern dominiert. Alle Politik ging in Männerhände über, das Wohn- und Erbrecht[94] wurde nach den Interessen der Männer ausgerichtet. Und dazu nahm „natürlich" auch in den Götterhimmeln jener Zeit das männliche Geschlecht an Gewicht zu, eroberte die Macht und übernahm in den monotheistischen Religionen am Ende die Alleinherrschaft.

Es wurde erst begonnen, das in Frage zu stellen, als im neunzehnten und mehr noch im zwanzigsten Jahrhundert – tausende Jahre danach – neues Wissen über die Fortpflanzung ans Licht kam. Später kam dann hinzu, dass im Verlauf der beiden Weltkriege mehr und mehr Frauen und Kinder Opfer der Kriege wurden. Insbesondere wurden die Frauen gebraucht, um die Versorgung der Front zu gewährleisten, weil ohne sie die innere Wirtschaft gar nicht mehr funktioniert hätte.

Ein weiterer Schritt zur Gleichberechtigung ergab sich daraus, dass durch die Zunahme der internationalen bzw. allgemeinen Konkurrenz der Mann alleine die Familie nicht mehr ernähren konnte und die Frau mehr und mehr auch zur Geldversorgerin werden musste, wozu sie natürlich auch mehr Rechte brauchte, einforderte und erkämpfte.

Doch die soziale Benachteiligung der Frau ist – trotz aller gesetzlichen Gleichberechtigung und trotz aller Emanzipation – auch in den „fortgeschrittenen und emanzipierten" Industrieländern geblieben. Im Durchschnitt verdienen Frauen weit

---

[94] Ernest Bornemann schreibt in „Das Patriarchat", dass mit dem Erkennen der Vaterschaft die Väter daran interessiert waren, ihren Kindern – und vor allem den Söhnen – ihre Sachen zu vererben, und darüber ihre geschlechtlichen Interessen zum Ausdruck, zur Macht und zur Dauerhaftigkeit zu bringen.

Zititert v. Hrsg.: „Obgleich die Sippe intakt blieb und die Position der Frau in keiner Weise gefährdet schien, trug die Einführung des Erbrechts den Keim der Sippenzerstörung in sich. Denn wenn sich Besitz überhaupt über den Tod des Besitzenden hinaus vermachen ließ, dann war vorauszusehen, dass die Väter früher oder später verlangen würden, auch ihre Söhne sollten erbberechtigt sein. Von dem Augenblick an, wo dies gestattet wurde, war das matrilineare System aber zerschlagen und die Frau rechtlos geworden. Es gab nur noch eine Möglichkeit, die Situation der Frau zu retten: die Übernahme der Produktionsmittel. (...) Genau das sollte der Frau im nächsten Stadium der Menschheitsgeschichte gelingen: die Entdeckung der Landwirtschaft." E. Bornemann, Das Patriarchat, Frankf. a. M. 1975, S.

weniger als Männer[95], haben weit weniger führende Stellen inne, sitzen somit weniger an den Schaltstellen der Macht, und das Militärwesen ist nach wie vor nahezu zu 100% in männlicher Hand.

Krieg

Ein heutiger Kommentar in einem deutschen Geschichtsbuch der Mittelstufe: „Er wurde „Der große Krieg" genannt und es hat sich sicherlich niemals etwas wie das zuvor in der Geschichte ereignet."[96] Der Zweite Weltkrieg wurde genauso gesehen, selbst im Rückblick auf den Ersten Weltkrieg, demgegenüber er eine enorme Steigerung von Menschen- und Materialeinsatz, an Zerstörungskraft und Brutalität darstellte. Auch zu früheren Zeiten sind Kriege generell als brutaler angesehen worden als ihnen vorhergegangene. Sodass es so etwas wie eine Geschichte der Kriegsbrutalität gibt, die als solche schon ein Ausdruck der zunehmenden Brutalität und Entfremdung der Menschen anzusehen ist.

Dies kontrastiert mit dem, was Lawrence H. Keeley in „War before Civilisation" konstatiert, wo eine hohe Häufung von Kriegen zwischen Stammesgesellschaften postuliert wird.[97] Höher jedenfalls als zwischen modernen Gesellschaften. Kriege werden alleine an den relativen Verlusten in Bezug auf die Bevölkerungen gemessen, die absoluten tauchen nicht einmal auf. Damit schneidet der moderne Krieg besser ab als der „primitive", womit wir ja alle zufrieden sein sollten, da, nach Auffassung des Autors, Kriege sowieso unvermeidbar sind und es sie zwischen uns schon immer gab, und wir somit mit geringeren prozentualen Verlusten zufrieden sein sollen, selbst wenn die absoluten Zahlen in die Millionen gehen. Und damit hö-

---

56f;

[95] Im Jahre 2008 verdienten Frauen in Deutschland im Durchschnitt 20 % weniger Lohn und Gehalt als Männer.

[96] „It was called „The Great War" and certainly there has never been anything like it in history." Dr. Christa Lohmann, Exploring History 1, Westermann, Braunschweig, 2007, S. 141.

[97] Lawrence H. Keeley, War before Zivilisation, Oxford, 1996 [Anm. d. Hrsg.]

her sind, als die Gesamtweltbevölkerung vor ca. 10.000 Jahren überhaupt nur betrug.

Macht entwickelt sich in und aus Kriegen, und die kriegerischen Anspannungen sind ihr Erzeuger und Geburtshelfer. Macht ist die Verlängerung des Krieges selber und wird so lange unter uns sein, so lange es kriegerische Impulse in uns geben wird:

„All diese Beispiele illustrieren, dass Kriege oder Kriegsandrohungen eine Schlüsselrolle in den meisten, falls nicht in allen Zusammenschlüssen bzw. Vermischungen von Gesellschaften gespielt haben. Allerdings sind Kriege, selbst solche zwischen Kleinstämmen, ein beständiger Fakt(or) menschlicher Gesellschaft gewesen[98]. Warum geschieht es dann, dass sie offensichtlich nur/erst innerhalb der vergangenen 13 000 Jahre Zusammenschlüsse von Gesellschaften zu verursachen begannen? Wir hatten schon gefolgert, dass die Bildung von komplexen Gesellschaften irgendwie mit Bevölkerungsdruck verknüpft ist, so sollten wir jetzt eine Verknüpfung zwischen Bevölkerungsdruck und dem Kriegsergebnis suchen. Warum sollten Kriege dahin tendieren, Zusammenschlüsse von Gesellschaften zu verursachen, wenn Regionen dicht, aber nicht wenn sie dünn besiedelt sind? Die Antwort ist, dass das Schicksal besiegter Menschen von der Bevölkerungdichte abhängig ist, mit drei möglichen Ergebnissen:...“[99]

Nicht nur das Schicksal „besiegter" Menschen hängt von der Bevölkerungsdichte ab, sondern das Schicksal des Krieges überhaupt, ist doch seine Geburt nichts anderem als der Bevölkerungsdichte bzw. dem Übertreten einer bestimmten Bevölkerungsdichte geschuldet.

----

[98] Woher will er das wissen? Es ist eine der typischen Annahmen von Anthropologen, denen bisher die archäologischen Funde nicht haben gerecht werden können. Es fehlen a) die Beweise dafür und b) ist selbst die gewöhnliche Datierung der Frühgeschichte mit Heinsohn´s Werk: Wie alt ist das Menschengeschlecht (Ort und Jahr) ins Wanken geraten.

[99] Jared Diamond; Guns, Germs and Steel; Vintage, Random House, London, 1998, S. 291 f. (Übers. v. Autor)

Nichtsdestotrotz ist J. Diamonds weiteres Denken interessant und viele seiner Beobachtungen sind sehr zutreffend. „Wo Bevölkerungsdichten sehr niedrig sind, wie es gewöhnlich in Gegenden der Fall ist, die von Jäger-Sammlergruppen besetzt sind, müssen Überlebende einer besiegten Gruppe nur weiter von ihren Feinden fortziehen. Das ist in der Tendenz das Ergebnis von Kriegen zwischen nomadischen Gruppen in Neu Guinea und im Amazonas."[100] [101]

„Wo Bevölkerungsdichten niedrig sind, wie in Gebieten, die von nahrungserzeugenden Stämmen besetzt sind, verbleiben keine freien Gebiete, in welche Überlebende einer besiegten Gruppe fliehen können. Aber Stammesgesellschaften ohne intensive Nahrungsmittelerzeugung haben keine Beschäftigung für Sklaven und erzeugen nicht ausreichend Nahrungsüberschüsse, um in der Lage zu sein, viel Tribut zu leisten. Daher haben die Sieger keinen Nutzen an Überlebenden eines besiegten Stammes, außer den, die Frauen zu heiraten. Die besiegten Männer werden getötet, und ihr Territorium mag von den Siegern besetzt werden."[102]

„Wo Bevölkerungsdichten hoch sind, wie in Gegenden, die von Häuptlingstümern besetzt sind, haben die Besiegten noch immer keinen Platz, um dorthin zu fliehen, aber die Sieger haben nun zwei Möglichkeiten, sie auszubeuten, während sie sie am Leben lassen. Wo Häuptlingstümer und Staatsgesellschaften wirtschaftliche Spezialisierung haben, können die Besiegten als Sklaven benutzt werden, wie es typischerweise in biblischen Zeiten passierte. Andernfalls, weil viele dieser Gesellschaften intensive Nahrungserzeugungssysteme haben, die in der Lage sind, große Überschüsse zu erzeugen, können die Sieger die Besiegten an ihrem Ort lassen, sie aber der politischen Autonomie berauben, sie zu regulären Tributzahlungen in Form von Nahrung oder Gütern zwingen und deren Gesellschaft in den Siegerstaat

---

[100] Ebenda.

[101] Einmal lebten alle Menschen in dieser geringen Bevölkerungsdichte. Und noch weit darunter, sodass ihnen das, was wir heute Krieg nennen, vollkommen unbekannt war. Once upon a time all humans lived in that low population density.

[102] Jared Diamond; Guns, Germs and Steel; Vintage, Random House, London, 1998, S. 291 f (Übers. v. Autor)

oder die siegende Häuptlingsgesellschaft einverleiben. Dies ist der typische Ausgang von Schlachten gewesen, die während der geschriebenen Geschichte mit der Gründung von Staaten oder Imperien verbunden waren. Zum Beispiel wünschten die spanischen Eroberer, von Mexikos besiegter einheimischer Bevölkerung Tribut zu erzwingen, weswegen sie sehr an den Tributlisten der Azteken interessiert waren. Wie es sich zeigte, bestand der Tribut, den die Azteken jedes Jahr von ihren Unterworfenen erhielten, aus 7.000 Tonnen Mais, 4.000 Tonnen Bohnen, 4.000 Tonnen Amaranth[103], 2.000.000 Baumwollmänteln und riesigen Mengen an Kakaobohnen, Kriegskleidung, Schildern, Federn, Kopfputzen und Bernstein.“[104]

Was Jared Diamond nur leider übersieht, ist, dass Macht als politischer Komplex überhaupt erst ab einer bestimmten Bevölkerungsdichte beginnen kann und somit auch erst damit begonnen hat. Die Gründe dafür sind folgende: unterhalb einer bestimmten, uns allerdings in Zahlen noch unbekannten Schwelle, wo die Ökologie derart beschaffen ist, dass sie für alle Mitglieder der gegebenen Kleinstämme ausreichend ist, ist keinerlei Grund gegeben, sich in kriegerische Aktivitäten zu begeben, und seine Gesundheit oder gar sein Leben zu riskieren, ohne dafür etwas zu gewinnen. Hier wäre sogar ein von vielen uns generell nachgesagter prinzipieller Hang zum Krieg biologisch unsinnig, und müsste deshalb von denen, die ihn biologisch begründen, erst einmal nachgewiesen werden.[105]

Und sicherlich: je mehr Menschen es wurden, und je mehr damit sukzessive die Menschendichte zunahm, desto mehr wuchs die Notwendigkeit zu Rüstung, Abwehr, Verteidigung, und damit die Potenz des Krieges. Die Spirale der Gewalt, einmal begonnen, entfaltete sich mehr und mehr.

---

[103] Ein mittelamerikanisches Getreide, das von den Bewohnern Mexikos angebaut und verzehrt wurde.

[104] Jared Diamond; Guns, Germs and Steel; Vintage, Random House, London, 1998, S. 291 f. (Übers. v. Autor)

[105] Suchten sie nach ihm in sich selbst – und dort ist der eigentliche Ort der Suche, denn handelte es sich tatsächlich um einen Instinkt oder Trieb, muss er sich in jedem von uns manifestieren und nicht nur in fremden oder gar vergangenen Kulturen – würden sie mit recht hoher Sicherheit auf Altschmerzen – ganz im Sinne vom Primal Pain A. Janovs – in der Form von erlittenen und unausgelebten eigenen Aggressionen als Antwort auf erstere stoßen.

Die, die stets sagen, dass Krieg zum Menschen gehört, wie das Ei zur Henne, sollten sich fragen, ob sie selber stets kriegerisch aufgelegt sind, unter welchen Umständen sie aggressiv bzw. kriegerisch werden, was in ihren Augen das Kriegerisch-Werden in anderen bedingt, falls sie es überhaupt als bedingt ansehen. Auch, ob ihnen Krieg Freude bereitet, oder ob sie andere kennen, denen es so geht. Wie sie überhaupt auf so eine gewaltige Aussage kommen, ob sie ihre Mitmenschen im Wesentlichen als kriegerisch erfahren etc.

Ich, für meinen Teil, kann dazu nur sagen, dass Ich mich selbst, außer wenn Ich mal gelegentlich gereizt werde, und dem nicht widerstehen kann, weil Ich mich eigentlich nicht gerne aus der Haut fahren sehe, weil Ich danach immer darunter leide, schon darunter, dass mich das Adrenalin so unruhig hat werden lassen, wenn mir jemand auf den Fuß tritt, eigentlich nicht als kriegerisch, nein, ganz im Gegenteil, als friedlich und friedliebend empfinde. Ich kenne sonst auch keine Menschen, die Ich als wirklich ‚kriegerisch‘ definieren könnte, obwohl Ich sicherlich auch Menschen kenne, die Ich als aggressiv empfinde, aber das sind die Lebensumstände, die diese Menschen so haben werden lassen.

Dass Ich zugleich aber auch sagen muss, dass Ich auf den vielen Reisen, die Ich unternommen habe, dazu kam, zu verstehen, dass Menschen, je weiter sie auseinander lebten, umso friedlicher, und je näher sie zusammen lebten, umso aggressiver, geladener, reizbarer wurden. Und auf die Art und Weise, aber auch nur auf die, empfand und empfinde ich sie als ‚kriegerischer‘. So habe Ich Menschen erlebt und erlebe sie immer noch.

Viele meiner Ideen und Erkenntnisse sind auf Reisen gewachsen. Ausgiebiges Reisen, sich länger als nur ein paar Wochen fortzubewegen, und länger als nur wenige Tage oder Wochen an einem Ort zu verbleiben, ergibt neue Gefühle und Gesichtspunkte.[106] Es tendiert dahin, die Sinne und damit auch den Geist durch Fragen

---

[106] „Wer die Enge seiner Heimat ermessen will, reise. Wer die Enge seiner Zeit ermessen will, studiere Geschichte." – Kurt Tucholsky, „Interessieren Sie sich für Kunst?", in: Zürcher Student Nr. 2, 1. Mai

zu klären und damit neue Perspektiven zu eröffnen. Gerade durch den sinnlich-geistigen Vergleich verschiedener Kulturen öffnen sich neue Fragen und Ge-schichtspunkte.

Jeder, der länger am Reisen war oder ist, weiß ein Lied davon zu singen.

1926, S. 64 (http://de.wikiquote.org/wiki/Geschichte)

„Jeder lebt von so vielen, ohne es eigentlich zu wissen."

Johann Wolfgang von Goethe

B. Arbeit

Hier nur Darstellung der Prinzipien der Entwicklung, somit nur Andeutung der Formentwicklung, die ein-e jede-r bei Marx, A. Smith, Ricardo oder dem einen oder anderen Textbuch nachlesen kann.

Arbeit als Kompensation von Enge in den Ressourcen.

Je mehr Geld eine Gesellschaft braucht, desto ärmer an natürlichen Ressourcen ist sie.

Rolle des Geldes. Als Äquivalent von Arbeit. Als Bediener der Not. Somit als Notwendigkeit.

Geld und Geldgebrauch

Wir stecken unsere Energie in Energieerhaltung, und je mehr wir werden, desto größer wird der Anteil von Energie, den wir zu unserer Erhaltung benötigen: die Wege werden weiter, wir brauchen höhere Intelligenz, um unser Leben zu erhalten, die Notwendigkeiten der Infrastruktur wachsen exponentiell im Vergleich zur linearen Zunahme unserer Art.

Und ironischerweise d e n k e n viele von uns, dass wir uns Arbeit sparen, indem wir all diese Maschinen und Vorrichtungen erstellen, die mittlerweile den Alltag vieler Menschen in den städtischen Ballungszentren bestimmen.

Angaben zur Arbeitszeit bei Sammler/Jägergesellschaften – kleinen Feldbauern – Industrie/Büroarbeitern.

Dazu Angaben zur Produktivität.

Doch viele glauben, dass die Erhöhung der Produktivität ein Gewinn, ein Fortschritt ist, und übersehen, dass der Gewinn, der den Vorreiter der Entwicklung macht, bald von vielen erreicht sein wird, und damit „normal" werden wird. Siehe die Automobilentwicklung: der Vorreiter wurde schneller, kam weiter, später wurde daraus ein Im-Stau-stecken-bleiben, Umweltverschmutzung, keinen Parkplatz finden, und irgendwann b r a u c h t nahezu jeder ein Auto. Das gleiche gilt für Computer, die am Anfang einen Zugewinn an ökonomischer Freiheit bedeuteten, mittlerweile aber so „normal" geworden sind, dass ein jeder sie braucht, und wer keinen hat, sich im abgeschlagenen Feld der Konkurrenz wiederfindet.

Oder wir können sagen, dass sich in der Vermehrung der Arbeit und mehr noch: in der Steigerung der Intensität und Produktivität der Arbeit zeigt, um wie viel mehr die nur durch Arbeit zu befriedigenden Bedürfnisse mit der Vermehrung von Menschen zugenommen haben.

D.h. je mehr wir geworden sind, desto mehr haben wir arbeiten müssen, um die Abnahme an natürlichen Ressourcen pro Kopf zu kompensieren.

Mittlerweile ist ein wichtiger Teil unserer zwischenmenschlichen Konkurrenz im Bereich der Produktivität erfolgt. Und geht dort weiter. Sicherlich wir träum(t)en, denken/dachten daran, dass die 30 Stunden-Woche bald für jedermann/frau erreichbar sein wird, weil wir nicht sehen, dass wir bei zunehmender Bevölkerungsdichte insgesamt mehr und mehr arbeiten müssen, dass es vorübergehende Ausnahmeerscheinungen sind, die uns andere Gefühle geben: dann zum Beispiel, wenn wir in einem Land oder einer Kultur einen vorübergehenden Konkurrenzvorteil erarbeiten bzw. erhalten, und der uns gleich zu Kopfe steigt und uns beginnen lässt, von Bedingungen der Urzeiten (wenig Arbeit, viel Freizeit und zwischenmenschliche Freude) zu träumen .

So ändern sich die Zeiten, und mit mehr Mitspielern verändern sich das Spiel und auch die Spielregeln. Wo wir irgendwann einmal noch in kleinen Gruppen lebten und außer gelegentlicher und sexueller Konkurrenz (die per se auch nur vorübergehend/gelegentlich ist) eher friedfertig miteinander lebten und verkehrten, und wo wir so wenige waren, dass wir uns beim Anblick eines anderen von uns freuten, statt uns zu erschrecken oder zu fürchten, da sind mit mehr Menschen mehr Klüfte zwischen uns entstanden, da sind Mauern gewachsen, die Menschen und gar ganze Nationen trennen, da ist die Natur unterworfen und später unterjocht worden, und heute finden wir uns sogar am Rande unserer Existenz – und wir werden noch immer mehr. Die ominöse „Globalisierung" ist auch nichts anderes als ein neuer Ausdruck von einer angewachsenen Menschenzahl, die sich zunehmend globaler gestaltet, was sie aber auch schon seit ca. 500 Jahren tut.

Nur sind heute durch neue Erfindungen die Abstände zwischen uns noch kleiner geworden, und es ist preiswerter geworden, riesige Mengen an Halbzeugen und Waren um den halben Globus zu schicken, als Dinge vor Ort herzustellen. Unter anderem auch, weil es billiger ist, in Masse zu produzieren, als in nur kleinen Mengen. Und das, weil die Unterschiede zwischen den Löhnen weltweit so unterschiedlich[107] geworden sind, dass sich das lohnt.

Teil der Arbeit ist das Geld, und es ist auch Teil der Kultur und der Macht. Geld ist der große Verbinder und der große Erlöser, aber es ist auch der große Verelender und Verbrecher. Geld ist schwer zu durchschauen. Es entsteht aus Enge, in Städten, aus der Notwendigkeit, einerseits den Erwerb von landwirtschaftlichen und anderen, in der oder den Städten selber hergestellten Erzeugnissen zu ermöglichen, da wo Tauschhandel zu umständlich wird, andererseits als Mittel der Verschuldung, als Schuldschein (das steht nach wie vor auf vielen Geldscheinen der Welt gedruckt!), als Wechsel, somit als Kreditinstrument, mit dem sich Werke durchführen lassen, die andererseits nie durchgeführt werden würden, da das Zusammenraffen bzw. Zusammenschaffen von Werten sich anders nicht ermöglichen ließe. Oder nur per Sklaverei, durch unmittelbaren Zwang, dem der Handelszwang des Geldes ähnlich ist, da auch die Lohnarbeiter Lohnabhängige sind, sie sich verkaufen müssen, um ihr Dasein ermöglichen und wenigstens fristen zu können.

So kommt Geld in die Welt als großer Versprecher, aber auch als Abhängigmacher.

Zur Arbeitsteilung:
Aus dem Druck der Produktivitätserhöhung (wg. Ressourcenverknappung durch Zunahme von Mitmenschen) ergibt sich die Notwendigkeit, die Arbeit zu teilen, denn je monotoner eine Arbeit ist, desto schneller kann sie ausgeführt werden. Es

---

[107] Zu Zeiten der alten europäischen Kolonialreiche war es der Unterschied zwischen Sklavendasein und niedrigen Löhnen in den frühen Industrien bzw. feudalistischer Zwangsarbeit.

geht dabei dann keine Zeit durch Zwischenschritte, unnötiges Denken, Umrüsten, Sich-Bewegen, Umorganisieren „verloren". Das was Freude macht, die Abwechslung, das Entdecken, kreatives Denken, und was interessant ist, gilt unter dem Druck und der Anspannung der engeren Verhältnisse als verlierenswürdig, am Ende gar als „verloren", als wertlos...

Produktivitätserhöhung rennt der Ressourcenverknappung hinterher wie der Hase dem Igel, ohne sie bei zunehmender Bevölkerung wirklich zufriedenstellend einholen zu können. Wozu in der jüngsten Neuzeit der Mensch den Mythos der Maschinen kreiert hat (Marx tat es für die „unteren" sozialen Schichten), womit Hoffnung ins zwischenmenschliche Getriebe der Maschinen kam.

„Die Bevölkerungsgröße einer politischen Einheit interagierte mit ihrer Bevölkerungsdichte im Einfluss auf polynesische Technologie und ökonomische, soziale und politische Organisation. Im allgemeinen galt, dass je größer der Umfang und je höher die Dichte, umso komplexer und spezialisierter waren die Technologie und Organisation (…) Kurz gesagt, bei hohen Bevölkerungsdichten wurde nur ein Teil der Leute Bauern, aber sie wurden mobilisiert, um sich selber einer intensiven Nahrungsmittelproduktion zu widmen, womit sie Überschüsse erzielten, mit denen Nichtproduzenten ernährt werden konnten. Die Nichtproduzenten, die sie mobilisierten, umfassten Häuptlinge, Priester, Bürokraten und Krieger. Die größten politischen Einheiten konnten viele Arbeitskräfte vereinigen, um Bewässerungssysteme und Fischteiche zu bauen, die die Nahrungserzeugung noch weiter verstärkten. Diese Entwicklungen waren besonders auf Tonga, Samoa und den Gesellschaftsinseln offensichtlich, von denen alle fruchtbar, dicht besiedelt und nicht besonders groß waren, gemessen an polynesischen Verhältnissen. Die Trends erreichten ihren Höhepunkt auf dem Archipel von Hawaii, den größten tropischen Inseln Polynesiens, wo hohe Bevölkerungsdichten und große Landmassen bedeuteten, dass potentiell sehr viele Arbeitskräfte für einzelne Häuptlinge zur Verfügung standen."[108]

„Die Variationen unter den polynesischen Gesellschaften in Zusammenhang mit unterschiedlichen Bevölkerungsdichten und -größen waren wie folgt. Das Wirt-

---

[108] Jared Diamond; Guns, Germs and Steel; Vintage, Random House, London, 1998, S. 63 f. (Hier wie im Folgenden vom Autor ins Deutsche übertragen.)

schaftsleben blieb einfachst auf Inseln mit geringer Bevölkerungsdichte (wie den Jäger-Sammlern auf den Chathaminseln), niedrigen Bevölkerungszahlen (auf kleinen Atollen), oder sowohl geringen Dichten und niedrigen Zahlen. In diesen Gesellschaften stellte jeder Haushalt das her, was er brauchte; dort gab es kaum oder keine wirtschaftliche Spezialisierung. Spezialisierung nahm auf größeren, dichter besiedelten Inseln zu, wobei es seine Spitze auf Samoa, den Gesellschaftsinseln und besonders auf Tonga und Hawaii erreichte. Die beiden letzteren Inseln unterhielten vererbbare Teilzeithandwerker einschließlich Kanubauern, Seefahrern, Steinmetzen, Vogelfängern und Tätowierern.[109]

„Für den Menschen der primitiven Gesellschaften ist die produktive Tätigkeit genau bemessen, durch die zu befriedigenden Bedürfnisse begrenzt, wobei es sich natürlich im Wesentlichen um energetische Bedürfnisse handelt: die Produktion ist beschränkt auf die Wiederherstellung der verausgabten Energie. Mit anderen Worten, das Leben als Natur begründet und bestimmt – bis auf die Produktion der Güter, die sozial bei den Festen verbraucht werden – die Menge an Zeit, die aufgewendet wird, es zu reproduzieren. Das heißt: sobald die energetischen Bedürfnisse umfassend befriedigt sind, kann nichts die primitive Gesellschaft verleiten, mehr produzieren zu wollen, d.h. seine Zeit in einer Arbeit ohne Ziel zu verausgaben, wo doch diese Zeit dem Müßiggang, dem Krieg, dem Spiel oder dem Fest zur Verfügung steht. Unter welchen Bedingungen kann sich dies Verhältnis des primitiven Menschen zur produktiven Tätigkeit verändern? Unter welchen Bedingungen gibt sich diese Gesellschaft ein anderes Ziel als die Befriedigung der energetischen Bedürfnisse? Dies bedeutet, die Frage nach dem Ursprung der Arbeit als entfremdeter Arbeit zu stellen."[110]

Oder wir können sagen, dass sich in der Vermehrung der Arbeit und mehr noch: in der Steigerung der Intensität und Produktivität der Arbeit zeigt, um wie viel mehr die nur durch Arbeit zu befriedigenden Bedürfnisse mit der Vermehrung von Menschen zugenommen haben.

---

[109] Ebenda.

[110] Pierre Clastres; Staatsfeinde; Studien zur politischen Anthropologie; Suhrkamp, Frankfurt/Main 1976; S. 187

Auf dem Weg zur Klarheit schrieb Oriana Fallaci:

„Sie werden dir eine Menge Geschichten erzählen über die Notwendigkeit der Arbeit, die Freude an der Arbeit, die Würde der Arbeit. Glaub nicht daran, niemals. Das ist schon wieder eine Zwecklüge derjenigen, die diese Welt organisiert haben. Arbeit ist Erpressung, und das bleibt sie selbst dann, wenn sie dir gefällt. Du arbeitest immer für jemand anderen, nie für dich selbst. Du arbeitest immer mit Anstrengung, nie mit Freude. Und nie gerade dann, wenn du Lust hättest. Auch wenn du von keinem abhängig bist und dein Stück Land bebaust, musst du hacken, wenn Sonne und Regen und Jahreszeiten es so wollen. Auch wenn du keinem gehorchst und deine Arbeit Kunst, demnach Befreiung ist, musst du dich den Forderungen und Zwängen anderer beugen. In Zeiten, die sehr weit, ja, soweit zurückliegen, dass jede Erinnerung daran verlorenging, ist es vielleicht anders gewesen und arbeiten war ein Fest, war Fröhlichkeit. Aber damals gab es wenig Menschen, und sie konnten allein sein.“[111]

Und später schreibt sie, einschränkend:

„Und das Arbeiten ist schön, wenn Freud in einem ist: ich habe gelogen, als ich behauptete, Arbeit wäre in jedem Fall ermüdend und demütigend. Verzeih mir: Ärger und Angst haben mich alles schwarz sehen lassen.“[112]

---

[111] Oriana Fallaci, Brief an ein nie geborenes Kind, Fischer Frankfurt/Main 1979, S. 43f.

[112] Ebenda S. 77

„Der Arbeiter, der Bauer, der Handwerker haben eigene kulturelle Ausdrucksformen, die im Zusammenhang mit ihrer Arbeit, ihrem Stück Land, der Welt, in der sie leben, stehen. Das Volk bringt Melodien hervor, erfindet Instrumente und findet Rhythmen, die ihm in der Armut und dem Elend das Leben erträglich machen."

Victor Jara, Die revolutionäre Gitarre, in: Gitarre des dämmernden Morgens – Das neue chilenische Lied, Aufbau Verlag, 1975, S. 149

C. Kultur

Angst und Enge

Kultur als Automatikum. Als automatische Reaktion des in die Enge geratenen Menschen auf die Nöte seines/ihres Alltags.

Die Ängste, die aus der Enge geborenen, zwingen uns/den Menschen zu bestimmten Ersatzhandlungen, da die instinktiven Originalhandlungen nicht mehr unmittelbar ausagiert werden können, da ihnen Ängste/Angst machende andere Menschen im Wege stehen. Es ist überhaupt das Im-Wege-Stehen des Menschen, das Angst (und Wut, die sich gern als Krieg entlädt, der aber dauerhaft nichts bleibt, als sich selbst „kulturell" zu kompensieren, zu sublimieren, von der Oberfläche in den so genannten unbewussten Untergrund zu verschwinden) erzeugt und aus Liebe Rücksicht verlangt, das der große Zivilisations/Kulturerzeuger ist.

„Keine Gesellschaft kann bestehen ohne eine Kanalisierung der individuellen Triebe und Affekte, ohne eine ganz bestimmte Regelung des individuellen Verhaltens. Keine solche Regelung ist möglich, ohne dass die Menschen aufeinander Zwang ausüben, und jeder Zwang setzt sich bei dem Gezwungenen in Angst der einen oder anderen Art um. Man darf sich darüber nicht täuschen: eine ständige Erzeugung und Wiedererzeugung von menschlichen Ängsten durch Menschen selbst ist unvermeidlich und unerlässlich, wo immer die Menschen in irgendeiner Form mit einander leben, wo immer Verlangen und Handlungen mehrerer Menschen ineinander greifen, sei es bei der Arbeit, sei es bei Geselligkeit oder Liebes-spiel."[113]

Hier ist anzumerken, dass der Ausdruck „keine" Gesellschaft eine unzulässige Verallgemeinerung ist, da es in jeder Gesellschaft verschiedene Arten und Intensitäten an Triebunterdrückung und -kanalisierung gibt. Und beim genauen Beobachten der Entwicklung der menschlichen Gesellschaften durch die Jahrhunderte und Jahrtausende hinweg fällt auf, dass mit der Zunahme an Menschen auch die Trieb-unterdrückung und -kanalisierung zunimmt. Weswegen wir annehmen dürfen und sogar müssen, dass in längst vergangenen Zeiten, als unsere Vorfahren in – aus heutiger Sichtweise – ungemein geringer Zahl zusammenlebten, in so geringer Zahl, dass sie sich nicht einmal auf die Füße treten konnten, die Triebunterdrückung bzw. -kanalisierung praktisch bei Null gelegen haben muss. Es war das die Zeit, die vor der „Kultur" bzw. „Zivilisation" war, und die in vielen Mythologien als das goldene Zeitalter, das Paradies, oder ähnliches beschrieben wird. Es war dies die Gesellschaft, die Marx den Urkommunismus nannte, deren Leichtigkeit im Zusammenleben er im „Traum von einer Sache", dem Sozialismus bzw. Kommunismus, der nur dem Namen nach etwas anderes war als eine natürlicherweise wohl geordnete Anarchie, zu neuem Leben auferstehen sehen und ihr dazu verhelfen wollte.

„Die größten Erzeugnisse Polynesiens waren die immensen Steinstrukturen einiger weniger Inseln – die berühmten gigantischen Statuen der Osterinsel, die Gräber der Tongahäuptlinge, die zeremoniellen Plattformen der Marquesainseln und die Tempel auf Hawaii und auf den Gesellschaftsinseln. Diese monumentale polynesische Architektur entwickelte sich offensichtlich in die gleiche Richtung wie die Pyramiden Ägyptens, Mesoamerikas, Mexikos und Perus. Natürlich sind die polynesischen Strukturen nicht auf dem Niveau jener Pyramiden, aber das reflektiert nur die Tatsache, dass die ägyptischen Pharaonen eine viel größere Bevölkerung zur Zwangsarbeit heranziehen konnten als die Häuptlinge von irgendeiner der polynesischen Inseln. Und dennoch vermochten es die Bewohner der Osterinseln, 30 Tonnen schwere Steinstatuen zu errichten – keine gewöhnliche Tat für eine Insel mit

---

[113] N. Elias, Über den Prozess der Zivilisation, Bd. 2; Suhrkamp Taschenbuch, Frankfurt/Main, 1976, S. 447f.

nur 7000 Menschen, die über keine andere Kraftquelle als ihre eigenen Muskeln verfügten."[114]

Hier wird die Beziehung zwischen der Masse Mensch und der Größe von Kunst deutlich, im Grunde aber auch von machtdarstellender Kunst überhaupt.

Kultur als Ausdruck von Enge auf der psychologischen Ebene

Der Prozess der Vermehrung der Zivilisation ist der Prozess der Gefühlsunter-drückung und der Gefühlsverdrängung u n d das prinzipielle Gutheißen desselben (wir nennen das auch: „aus der Not eine Tugend machen!"). Mit der Vermehrung der Mitglieder einer jedweden Gesellschaft müssen zunehmend mehr neue Tätig-keiten entwickelt werden, um das Überleben des und der Menschen zu sichern. Sei es Ackerbau, Handwerk, einschließlich Kriegshandwerk, Regierungs- und Verwal-tungsgeschäfte, Schriftstellerei, Planung, Industrie (samt allem, was dazu gehört), die Künste, um das an Freiheit und Schönheit Verlorene wieder wettzumachen . Jede dieser Tätigkeiten geht einher mit der Unterdrückung bestimmter Gefühle im betreffenden Individuum, das diese Tätigkeit auszuüben beginnt („Lehrjahre sind keine Herrenjahre"). Still sitzen muss geübt werden, oder langes Stehen, oder unun-terbrochenes Lesen, oder Schreiben, oder das Sitzen vor dem Computer, oder lan-ges Rechnen, oder lange, langweilige manuelle Tätigkeiten, oder das Arbeiten in Kälte oder Wärme.

Es ist, um es allgemein auszudrücken, das Sich-Verpflichten, acht oder zehn oder gar mehr Stunden am Tag Tätigkeiten auszuführen, die nur bedingt den eigenen körperlichen und psychischen Neigungen entsprechen und die den angeborenen Neigungen teilweise, und teilweise sogar sehr, widersprechen, und die ausgeführt werden müssen, weil a) das betreffende Individuum Geld bzw. Produkte benötigt, um damit sein Überleben organisieren zu können und weil b) aus den Notwendig-

---

[114] Ebenda, S. 65

keiten der energetischen Summe aller Individuen einer gegebenen Gesellschaft heraus sich Strukturen der Produktion und Konsumption entwickelt haben, denen sich die Individuen anpassen müssen, damit die „Maschine", die Struktur, der Aufbau der gesellschaftlichen Organisation mehr oder weniger reibungslos funktionieren kann und somit das Sprießen und Überleben der Gesellschaft gewährleistet ist und damit verbunden das Sprießen und Überleben aller Mitglieder der jeweiligen Gesellschaft. Es ist Verknechtung, Aufgabe des intakten Seelenlebens, Teilaufgabe des Selbst, dessen Wiederherstellung dann durch rationale Erklärungen meist philosophisch-religiöser Art und daran geknüpfte, mehr oder weniger rituelle Handlungen mit geringerem oder größerem Erfolg versucht wird.

Da generell die Vermehrung aus kriegs- (und somit friedens-) bedingten Überlegungen bejaht wurde und wird, werden alle Nebenwirkungen billigend in Kauf genommen: als Soldat hat sich einer fürs Mutter- oder Vaterland zu opfern, als Arbeiter, der sich oft sehr viel versagt und oft nur das Überlebensnotwendigste erhält, soll einer die Wirtschaft, von der angenommen wird, dass sie allen zugutekommt, nach oben befördern, ebenso als Angestellter oder Unternehmer, wenngleich gerade letztere häufig auch mehr verdienen, die Sexualversagung des Priesters wird ihm von einem nebulösen Gott, dessen Dasein er nicht einmal in Frage stellen darf, gedankt, dem Mönch wird beigebracht, dass ihm die sexuelle Enthaltsamkeit mit Nichtwiedergeburt belohnt wird, der Schüler lebt unter seinem Noten- und Existenzdruck von dem Versprechen, später im Beruf einmal erfolgreich zu werden etc.

Versagung bedeutet auch eine Zunahme der Affektkontrolle:

„Diese nun in höherem Masse einsetzende Verwandlung zwischenmenschlicher Fremdzwänge in einzelmenschliche Selbstzwänge führt dazu, dass viele Affektimpulse weniger spontan auslebbar sind. Die derart im Zusammenleben erzeugten selbsttätigen, individuellen Selbstkontrollen, etwa das „rationale Denken" oder das „moralische Gewissen", schieben sich nun stärker und fester gebaut als je zuvor zwischen Trieb- und Gefühlsimpulse auf der einen Seite und die Skelettmuskeln auf der andern Seite ein und hindern die ersteren mit größerer Strenge daran, die letzteren, das Handeln, direkt, also ohne Zulassung durch diese Kontrollapparaturen, zu steuern."[115]

„Es ist mehr als ein zufälliges, zeitliches Nebeneinander, dass in den Jahrhunderten, in denen die Funktion des Königs und des Fürsten ihre absolutistische Gestalt erhält, auch jene Affektverhaltung und Mäßigung, von der die Rede war, jene „Zivilisation" spürbar stärker wird."[116]

„Aber diese äußere Regulierung ist von Grund auf darauf abgestimmt, dass jeder Einzelne sein Verhalten entsprechend den Notwendigkeiten dieser Verflechtung aufs genaueste s e l b s t reguliert. Die Hauptgefahr, die hier der Mensch für den Menschen bedeutet, entsteht dadurch, dass irgendjemand inmitten dieses Getriebes seine Selbstkontrolle verliert. Eine beständige Selbstüberwachung, eine höchst differenzierte Selbstregelung des Verhaltens ist notwendig, damit der Einzelne sich durch dieses Gewühl hindurchzusteuern vermag. ..."[117]

In jedem Fall ist viel Versagung und Untersagung, viel Verdrängung und Unterdrückung Teil des Zivilisationsprozesses, und je mehr wir werden, desto größer wird dieser Teil. Irgendwann einmal waren es 10 Gebote, die auch nicht seit allen Ewigkeiten existierten, sondern erst ein paar tausend (4.000?) Jahre alt sind. Doch seitdem hat die Kette der Gesetze und deren Ausführungen, die unser Leben bestimmen, zugenommen und ist in einem normalen Bücherschrank kaum noch verstaubar. Geschweige denn, dass sich jemand – zumindest in den dichtgepackten Industriegesellschaften mit all ihren Gesetzen und Verordnungen – auskennen würde. Es sind so und zu viele geworden, und es werden täglich, im Gleichtakt mit der Menschenvermehrung, mehr.

Und jedes Gesetz und jede Verordnung regelt einen oder gar mehrere Gefühlsimpulse, die durch sie eingeengt und beschnitten werden. Und am bisherigen Ende der Entwicklung sind wir modernen Menschen dermaßen von Regeln und Verordnungen bestimmt und beschränkt, dass wir uns kaum noch selber kennen und er-

---

[115] N. Elias, Über den Prozess der Zivilisation, Bd. 1, S LXI.

[116] N. Elias, Über den Prozess der Zivilisation, Bd. 2, S. 3.

[117] N. Elias, Über den Prozess der Zivilisation. Bd. 2, S. 318 f.

kennen. Die meisten von uns stehen sich selber sehr fremd gegenüber und viele ver-
zagen und verzweifeln und versuchen in ihrer Not, mit kompensatorischen Mitteln
wie Musik, Drogen, schlechtem Essen usw. wieder flott zu kommen.

Wir sind in der Tat weit fortgeschritten in Sachen menschlicher Verdichtung und
haben nicht einmal gemerkt, welche psychischen Nebenerscheinungen wir damit
erreicht haben: der Lebensstress hat mit der Enge und Angst zugenommen.[118]

Pflichten und deren Erfüllungen nehmen zu mit der Entfremdung des Daseins,
welches nichts anderes ist als die Entfernung von angeborenen Verhaltensweisen
und deren Ersetzung durch künstliche, eben entfremdete, aus Tätigkeit wie Sammeln und Jagen wird Arbeit des Landbaus, des Handwerks, in Büros und Fabriken.
Arbeit wird intensiviert, die Produktivität erhöht sich zwangsläufig, da mehr erzeugt werden muss, wo weniger in der Natur gefunden wird und gefunden werden
kann. Und mit dem Anwachsen von Enge und Stress haben wir allerhand Mittel-
chen finden und entwickeln müssen, um dieses Stresses Herr zu werden. Einerseits
materielle Mittel wie Drogen, die Menschen nehmen, um nicht zu merken, in welcher fürchterlichen psychischen Lage sie sich befinden, um sich abzulenken und
sich ein traumhaftes, kurzlebiges Glück zu schenken, für das sie für gewöhnlich mit
Lebenskraft zahlen. Und täglich erfinden wir neue Drogen, die wir für gewöhnlich
„medizinisch" nennen, um unseren Glauben darin zu festigen und um unserer eigenen Selbsterkenntnis aus dem Weg zu gehen. Wir wissen, dass sog. Naturvölker,
also Gesellschaften mit sehr geringer Bevölkerungsdichte, ein umfangreiches Wissen um die Kräfte und Wirkungen der Pflanzen und Tiere in ihrem Lebensbereich
hatten und haben und ihr Wissen auch praktisch anwandten. Einige Pflanzen wurden auch als Drogen verwandt, doch wohldosiert und gelegentlich, meist bei religiösen Festlichkeiten. Mit Zunahme an Menschen und besonders seit Beginn der
Stadtbildung hat die Drogenerfindung, Drogenerzeugung und der Drogenkonsum
beständig zugenommen und ist heute gigantischer denn je.

---

[118] Negative psychologische Wirkungen: Alkoholismus, dauerhaft und/oder latente Aggressivität, Ess-
sucht, Bulimie, Magersucht, Selbstzerstörung (Zerschneiden der Arme oder anderer Körperteile,
Selbsttötungstendenzen), Musiksucht, Sexsucht, krampfhafter Liebeshunger, Unfähigkeit, Schönes zu
ertragen.

Es gilt auch hier der von Wilhelm Reich festgestellte orgonotische Viertakt: Spannung – Ladung – Entladung – Entspannung. Zunahme von Enge führt zu Anspannung und Entfremdung, sobald die Anspannung dauerhaft wird. Kunst als Versuch der Entspannung und Entladung.

Aus der Erfahrung der Psychotherapie, und da v.a. aus der Primärtherapie, wissen wir, dass zwischen zwanghaftem Drogenkonsum jedweder Art und tiefen, schmerzhaften Anspannungen, so genanntem Primal Pain, im Organismus ein unmittelbarer Zusammenhang besteht. Drogen dienen als Schmerzstiller, wobei sie nicht in der Lage sind, die Schmerzen dauerhaft zu lösen und somit zu beseitigen. Das kann nur tiefgehende Heilung, wie in der Primärtherapie[119] möglich, erreichen.

Kleine Stammesgesellschaften benutzen häufig *eine* Droge, wenn überhaupt, und die nur gelegentlich, zu Riten, auf Festen, zu besonderen Anlässen einige Male im Jahr. In Großstämmen ist die Tendenz steigend und nimmt mit der Masse Mensch zu, mehr in Feudalgesellschaften und noch viel mehr in Industriegesellschaften. Die Menge an Drogen und die Menge von konsumierten Drogen nehmen im Laufe des Wachstumsprozesses zu und bekommen mehr und mehr gesellschafts- bzw. systemtragende Bedeutung. Nur so lässt sich erklären und verstehen, dass Napoleon unter anderem dadurch zu Fall kam, dass er es nicht vermochte, die europäische Bevölkerung ausreichend mit Tabak und Kaffee zu versorgen, da die britische Gegenblockade den Warenverkehr zwischen Festlandeuropa und seinen Kolonien zwar nicht vollkommen unterbrach, aber doch bedeutsam einschränkte.

---

[119] Hinweis auf Arthur Janov und seine Primärarbeit, Zitat von ihm zu Drogen. (Zit. v. Hrsg.:) „Wir müssen unbedingt verstehen, dass Drogenabhängigkeit oder Alkoholismus nicht die Krankheit sind. Sie sind ein Mittel, die wirkliche Krankheit von Neurose und Schmerz zu bekämpfen. Drogenabhängigkeit wird dadurch geheilt, dass der Schmerz beseitigt wird, so plump dies auch scheinen mag." Arthur Janov, „Der neue Urschrei", Frankfurt am Main 1993, S. 229

Religion

Andererseits haben wir versucht, uns das Chaos, in dem wir stecken, zu erklären und aus der Erklärung selbst Stärke und Selbsterkenntnis zu gewinnen. Denn wo Klarheit ist, herrscht Kraft. Wobei wir auch da das Thema Hoch- bzw. Überbevölkerung fein säuberlich außen vor gelassen haben. Es sei denn unter dem alten Motto: „Vermehret Euch und macht Euch die Erde untertan."[120] Weswegen wir zwangsläufig auf falsche Erkenntnisse kommen mussten. Wir erfanden erst allerhand Ahnengeister, danach Göttinnen der Fruchtbarkeit, dann ganze Götterhimmel, die Ergebnis der Fruchtbarkeit der Fruchtbarkeitsgöttinnen waren, und schließlich in großen Teilen unserer Erde einen einzigen Gott, um uns unsere Drangsale erklären und sie somit lindern zu können. Wir entwarfen Göttinnen und Götter, zu denen wir beteten und zum Teil immer noch beten, Himmel mit Engeln und Höllen mit Teufeln darin, und glaubten und glauben an sie, als gäbe es sie, anstatt zu sehen, dass wir uns selbst auf Erden durch unser Bevölkerungswachstum den Himmel zur Hölle gemacht haben. Oder wir suchten die Erklärung für unser Leid in diesem Leben in Verfehlungen in einem oder mehreren oder gar vielen Vorleben, in denen wir durch moralische Vergehen Schuld für die Misere in diesem Leben begründeten und damit unseren Blick für unser tatsächliches Handeln und seine Ursachen und seine Auswirkungen im Hier und Jetzt verklärten.

Entwicklung des Denkens als Versuch, mit der Erklärung des Warum auch eine Lösung des Problems zu bekommen. Dazu Philosophische Religion (letzteres: Philosophie + daraus abgeleitete Moral bzw. Riten. Vieles von dem aber sehr unbewusst.

Doch es ist auch logisch und normal, dass diese Religionen beschränkt sind, da sie ihren Ursprung einem beschränkten räumlichen Horizont verdanken. Zwischen 2000[121] vor und 632[122] n.u.Z. wurden all diese „großen", weil weit verbreiteten, Weltreligionen geschaffen, als noch kein Mensch auch nur ein einigermaßen klares

---

[120] Genesis 1, 28. Es ist dies im Wesentlichen ein politischer Ausruf, keineswegs aber Teil oder gar Ergebnis eines analytischen Denkens. Wobei sich die Frage ergibt, inwiefern es gesagten Inselvölkern wirklich klar war, was los war.

[121] Dies ist in etwa die Entstehungszeit der hinduistischen Veden.

[122] Mohammed lebte von 570 – 632.

Weltbild hatte. Frösche im Brunnen waren alle Stifter dieser Weltreligionen, die überhaupt nur die verhältnismäßig kleinen und relativ gering besiedelten Teile der Welt kannten, in denen sie lebten, da das Wissen der Zeit notwendigerweise beschränkt war. Und dementsprechend mussten auch ihre Philosophien und Glaubensvorstellungen diese Beschränkungen zum Ausdruck bringen.

Keine dieser Religionen ist in sich vollkommen logisch und schlüssig, und viele essentielle Fragen blieben und bleiben unbeantwortet:

Warum ist ein angeblich allmächtiger und fürsorgender Gott nicht in der Lage, für Ordnung auf der Erde zu sorgen und uns, seine angeblichen Lieblinge, zu beschützen?

Warum kann er den Teufel oder Satan, den von ihm selbst geschaffenen Gegenspieler,[123] nicht nur nicht beseitigen, sondern nicht einmal bändigen, wenn er doch angeblich so stark ist? Und wenn sich Menschen im Namen des gleichen Gottes die Köpfe einschlagen, und Juden Christen und Muslime gegenseitig: wie kann Gott das mit ansehen – vorausgesetzt natürlich, es gibt ihn?

Und warum schaffte und schafft es in den Religionen, die der Reinkarnationslehre folgen, gemäß den Erzählungen und Überlieferungen der anderen, trotz teilweise größter Bemühungen nur eine verschwindend kleine Anzahl von Menschen überhaupt, ins Nirwana zu entschwinden? Die Benchmark scheint viel zu hoch für Normalsterbliche zu sein.

Und wer oder was hat überhaupt das Karmatische Gesetz geschaffen, das so schwer zu bestehen ist?[124]

Und welchen Sinn soll es haben?

---

[123] Der gefallene Engel, der von Gott erschaffene, der sich gegen Gott selber auflehnt. So erklärten sich die Menschen früher die Entstehung des Bösen. Vgl. in der Bibel, Hesekiel 28,14-19: „Du warst ein glänzender schirmender Cherub ...bis an dir Missetat gefunden wurde....Da verstieß ich dich vom Berge Gottes..." (zit. v. Hrsg.)

[124] Im Buddhismus wird allgemein geraten, dieser Frage nicht nachzugehen, weil sie als Zeitverschwendung angesehen wird.

Und warum widersprechen sich, zumindest teilweise, genetische und karmatische Gesetzmäßigkeiten?

Und warum decken sich hinduistisch-buddhistische Karmagesetze und westliche Naturgesetze nicht? Warum widersprechen sie sich teilweise?

Warum werden Menschen per Karmagesetz in Knechtschaft gehalten und um Chancen ihrer Entwicklung gebracht?

Und warum ist die Rolle der Frauen so unterbewertet? Warum wird im „Hinduismus" genannten Glaubenssystem das Patriarchat und damit die Unterdrückung der Frau, karmatisch verklärt? Und warum wird die Geringerstellung und Unterdrückung der Frau durch den Mann in anderen Religionen durch den Willen von Göttern oder einem Gott gerechtfertigt?

All diese Religionen haben einen fantastischen, irrealen und teilweise sogar menschenfeindlichen Anteil, und es geht darum, die Lehren so weit wie möglich davon zu reinigen und sie real zu gestalten, damit sie uns nicht mehr Angst einflößen, sondern uns helfen, unser Leben real, harmonisch, befriedigend, kreativ und glücklich zu gestalten und zu leben. Dazu müssen wir allerdings Abschied nehmen von all den Illusionen, die in diese Religionen verwoben sind, und müssen zu einem neuen Glauben kommen, in dem alle Menschen mit all ihren Bedürfnissen ohne Ausnahme Platz finden können.

Denn ohne Glauben, ohne Annahmen, ohne geistige Spekulationen und Vermutungen, geht es nicht. Unser Geist will bis zu Ende fühlen und denken, und unser Wissen kann seiner Natur nach nicht unendlich sein, sondern wird immer den „Makel"[125] von Endlichkeit an sich haben. Das Universum ist in jeder Richtung zu groß, als dass wir es mit exaktem Wissen erfassen könnten. Denn selbst, wenn wir z. B. neue Galaxien entdecken werden, so wird es dahinter unzählige andere geben, die sich unserem Wissen aufgrund ihrer räumlichen Ausdehnung notwendigerweise entziehen werden und über die wir nur spekulativ, d.h. mit einer Art von Glauben, werden denken und reden können. Dasselbe gilt in umgekehrter Richtung für

---

[125] Ein „Makel", der aufhört einer zu sein, sobald mensch erkennt, dass dem Wissen die Beschränkung angeboren ist.

die Mikrokosmen. Auch hier wird es nie möglich sein, in alle Dimensionen vorzudringen, und vieles wird unserem Wissen verwehrt bleiben. Womit wir dann spekulieren und glauben müssen.

Glauben ist per se Extrapolation[126], mehr oder weniger gut gekonnt. Glauben ist somit essentiell, da sich der Geist allein mit dem sicher Gewussten nicht zufrieden stellen kann. Nur muss ein Glaube, wenn er uns denn wirklich dienen soll, das möglicherweise noch zu Wissende mit dem schon Gewussten, mit dem Wissen verbinden. Der Glaube soll das Wissen weder beherrschen noch zu beherrschen trachten[127], sondern soll nur als seine Extrapolation und Schlussfolgerung in Raum und Zeit in Betracht kommen. Die exakten Wissenschaften sollen ihre volle Gültigkeit behalten, wo sie exakt sind, doch ohne dabei zu Diktatoren über alles noch nicht eindeutig und exakt Gewusste zu werden. Es muss auch über das nachgedacht, spekuliert und logisch geschlussfolgert werden dürfen, was nicht exakt zu vermessen ist, seien es die Unendlichkeiten der Mikro- und Makrokosmen, sei es Geschichte in ihrer unglaublichen Vielfalt, sei es Psychologie in ihrer Einzigartigkeit in jedem einzelnen Wesen. Es darf dieses nicht per se als „unwissenschaftlich" abgetan werden, nur weil es nicht wirklich zu beweisen ist und auch möglicherweise nie zu beweisen sein wird. Es wird immer eine Grauzone zwischen Wissen und Nichtwissen geben, und wir sollen einen Weg finden, damit zu leben. Hier sollen die Wissenschaftler lernen, bescheiden zu sein und ihre eigene Unzulänglichkeit/Beschränktheit anerkennen, da niemand alles exakt wissen kann[128].

---

[126] Anm. d. Hrsg.: „(...) Unter Extrapolation wird die Bestimmung eines (meist mathematischen) Verhaltens *über den gesicherten Bereich hinaus* verstanden. Eine statistische Extrapolation bezeichnet man auch als Hochrechnung." http://de.wikipedia.org/wiki/Extrapolation.

[127] Wie es im monotheistischen Glauben die Regel ist

[128] Ich gehe hier mit Absicht nicht auf die Debatte – die bei vielen jüngeren Zeitgenossen schon zu versteinerter Gewissheit geworden zu sein scheint – über die prinzipielle Möglichkeit exakten Wissens ein. Denn so fraglich tatsächlich die Unschärfe zwischen Innen und Außen, zwischen Genauem und Ungenauem, zwischen Schwarz und Weiß ist, so sind wir dennoch verdonnert, in unserem alltäglichen Leben Entscheidungen zu treffen, was den praktischen Lebenserhalt anbetrifft. Und da Ich hier im Wesentlichen über die Fragen des realen Lebens und nicht über die des angenommenen Lebens nach dem Tode schreibe, bleibt dieses Thema einem möglichen anderen Buch vorbehalten.

Obwohl sicherlich exaktes Wissen, da wo vorhanden, vor Spekulation den Vortritt haben soll und muss.

Doch ist Glauben stets als solches zu betrachten: als Glaube, als Hypothese, und nicht als absolute Sicherheit, so wie es meist geschieht und geschehen ist. Glaube ist Glaube   mehr nicht. Doch auch nicht weniger!

Religionen sind historisches Abstrakt der Erkenntnisse und Gefühle der Zeit ihrer Entstehung sowie der Zeiten ihrer systemimmanenten Weiterentwicklungen. Das Wissen einer Zeitepoche, gemischt mit den dazugehörigen Hypothesen und Spekulationen – unabhängig davon, ob sie sich in späterer Zeit als illusorisch erweisen – gerinnt zu Religion. Zu tief empfundenem Glauben, gegen den anzugehen es jede neue Erkenntnis schwer hat – und schwer haben wird.

Wobei Religionen meist per Zwang von Generation zu Generation weitergegeben wurden und werden. Sie wurden und werden meist der nachfolgenden Generation eingebläut.

Sodass der Abscheu und der Kampf gegen religiösen Glauben nicht gegen den und das Glauben an sich gerichtet sein sollte, sondern gegen jedwede Form von überholtem, unhaltbarem, irrealem, der Wirklichkeit widersprechendem Glauben.

Glaube bezieht sich natürlich auch auf die Annahme, die wir Menschen bzgl. der Prinzipien unseres Lebens und unseres Universums in Raum und Zeit machen. Auch hier gilt, dass ein faktischer „Beweis" unmöglich ist, da es sich um historischen, biologische und psychologische Hypothesen handelt, die wir höchstens deduktiv/ableitend begründen, nie aber exakt werden beweisen können.

So soll also auch hier gelten, dass derartige Deduktion/Ableitung in Übereinstimmung mit unserem Wissen stehen muss und als Extrapolation zu gelten hat. Und eben auch nur soviel Gültigkeit haben kann, wie es einer geistigen Extrapolation zukommt.

So wollen wir eine gesunde Skepsis gegenüber unserem Glauben behalten, eine kritische Distanz, damit wir nicht in Irrtümer verfallen und uns an etwas geistig klammern, das es nicht wert ist. Sicherlich, das ist ein Drahtseilakt, der Offenheit erfordert und die Bereitschaft, Gewohntes in Frage zu stellen und alte Positionen aufzugeben, wenn sie der Prüfung der Zeit nicht standhalten und durch realistischere und somit bessere Erklärungen ersetzt werden sollen.

Wir wollen uns nie hundertprozentig auf unsere Glaubensartikel stellen, schon allein deshalb nicht, weil sie eines Tages wegsacken könnten wie feuchter Morast, wenn sich ihre Parameter, die sie als Artikel des Glaubens begründeten, grundlegend verändern sollten.

Somit brauchen wir eine neue Religiosität bzw. Spiritualität. Wir benötigen etwas Reales, wo uns kein X für ein U mehr vorgemacht wird. Wir brauchen etwas, auf das wir bauen können, das uns unseren Platz im Universum zeigt und erklärt, ohne den bisherigen Größenwahn nahezu aller traditionellen Religionen fortzusetzen.

Uns bleibt dabei nichts anderes übrig, als uns von dem, was vollkommen haltlos ist, wie Konzepte persönlicher Gottheiten, genauso zu verabschieden wie von Himmeln und Höllen und spirituellen Werteskalen, schlicht, von Orten, Persönlichkeiten und Kategorisierungen, die es ausschließlich in der menschlichen Einbildung gibt. Und wollen stattdessen lernen, ein Leben ohne Grundschuld- und Verdammungsgefühle zu leben.[129]

Es ist wünschenswert und anzustreben, real zu werden. Und dabei zu erkennen, dass wir Teil des Alls, des Ganzen sind. Dass wir mit allem im Universum auf unsichtbare, aber sehr wohl erkennbare Weise verbunden und verwoben sind. Dass wir dabei sehr wohl besondere Fähigkeiten haben, die uns von anderen Lebensformen unterscheiden, die uns aber prinzipiell nicht „besser", sondern nur „anders" sein lassen.

Wir sind mit allen und allem verbunden und wir wollen dieses Verbundensein ehren und achten und darin das und die/den anderen achten, schätzen und lieben.

---

[129] Es sei denn, dass jemand plausibel erklären könnte, dass diese Götter und Orte tatsächlich existieren. Aber bitte nicht mit der alten Leier: Du musst nur glauben, meine Schwester und mein Bruder, dann wird es schon für Dich wahr werden. Oder: das ist von Weisen (meistens Männern!!) gelehrt worden, außerdem ist der Glauben schon Tausende von Jahren alt, also ist er richtig! Das darf und soll uns nicht mehr genügen!!!

Wir wollen gemeinsam – statt isoliert – leben und die anderen Lebensformen in ihrer Vielfalt schätzen, schützen und ehren.

Dies schließt selbstverständlich ein, dass wir unsere ganz persönliche Fortpflanzung auch nach ökologischen, ökonomischen und politisch-sozialen Gesichtspunkten gestalten. Dass wir sensibel sind in Bezug auf die Gegend, in der wir leben und darauf achten, dass uns die uns umgebende Natur trägt und auch in die Zukunft tragen kann.

Wobei Ich hier meinen eigenen Glauben nicht verhehlen will: Ich glaube, dass alles in der Welt, im gesamten unendlichen Universum, lebendig ist, dass es essentiell keinen Tod gibt. Dass alles Seiende nur unterschiedliche Ausdrucksform derselben Grundenergie und Kraft ist, die in allem nur in verschiedenen Anhäufungen[130] und somit verschiedener Gestalt auftritt. Sicherlich ist Organisches anders als Nicht- bzw. Anorganisches, da es sich anders bewegt. Doch auf dem atomaren und subatomaren Niveau nehmen sich die Lebensäußerungen von beiden nichts: Organisches ist letztendlich auch nur eine Verbindung anorganischer Stoffe[131]. Und was sich offensichtlich organisch bewegt und anorganisch stillzustehen scheint, ist letzt-

---

[130] Im abendländischen Atommodell sind die verschiedenen Atome aller Elemente aus den gleichen Grundbausteinen zusammengesetzt, nur dass sich die Mengenzahlen der einzelnen Grundbausteine unterscheiden. Ein Unterschied in der Quantität ergibt einen Qualitätsunterschied, einen Umschlag von Quantität und Qualität (auch Qualitätssprung genannt), wie die Dialektiker es nennen, der auf einer anderen Ebene das ist, was die Quantenphysiker einen Quantensprung nennen, dessen genauen Vorgang wir uns bisher aber nur unzureichend erklären können. Im Englischen wird von den Quantenphysikern entsprechend von einem Quantum leap (Quantensprung) gesprochen. Eine Ausdrucksart, die dort längst ins Umgangsenglisch Einzug gehalten hat.

[131] Ich will hier keineswegs den Wert der Entdeckung des Orgons durch Wilhelm Reich mindern. Er stellte auf wissenschaftlichem Wege die Existenz der von ihm entdeckten Lebensenergie fest, die er Orgon nannte. Diese Energie war seit langem anderen Kulturen als Prana (in Indien), als Chi (in China), als Ki (in Japan) und einigen Abendländern als Äther bekannt. Bedauerlicherweise haben seine Erkenntnisse bis heute keinen Einzug ins allgemeine Denken des Abendlandes gehalten.
Doch da diese Lebensenergie überall vorhanden ist, ist sie nicht für den Unterschied zwischen organischer und anorganischer Materie verantwortlich, sondern ausschließlich für die unterschiedlichen Lebendigkeitsgrade in gegebenen, sich erzeugenden und sich entwickelnden biologischen Organismen.

endlich nur eine optische Täuschung, da unsere Augen die Lebendigkeit des Anorganischen schlicht und einfach nur nicht wahrzunehmen in der Lage sind. Alles ist beseelt und belebt, nicht nur wir Menschen und vielleicht noch andere Tiere. Alles hat Seele und ist somit Teil der Weltenseele[132], und soll und will so behandelt sein: mit Zuneigung und Respekt, mit Liebe und ohne Hass und Verblendung.

Somit gibt es wohl Werden und Vergehen, und damit Sterben, aber es gibt im tieferen Wortsinne keinen Tod. Es gibt wohl ein Sterben (und das wird im Allgemeinen auch Tod genannt. Sicherlich, doch hier beziehe Ich mich auf den spirituellen Begriff des Todes, der ein definitives Ende bedeutet), doch damit nur die Auflösung des Individuums in viele Teile, Aufgehen in der Weltenseele, aber damit noch keinen Tod. Der Tod ist die größte und am meisten missbrauchte Illusion, die es je gab und gibt[133]. Es gibt ihn schlicht und einfach nicht. Es gibt nur Übergänge von einer Lebensform in eine oder mehrere bzw. viele andere. Lebensformen, die absterben und sich in andere, organische/biologische oder anorganische Lebensformen auflösen. Glaubt wohl, dass Ihr sterben könnt. Das ist das Schicksal von jedem von uns und allem von uns. Doch denkt nicht, dass Euch der Tod erwartet: es erwartet Euch nur eine Fortsetzung, eine, mehrere und viele Stationen im ewigen Leben. Ihr seid sowieso schon in ihm seit dem „Beginn aller Zeiten", seit dem „nie begonnenen Beginn". Es ist dies das ewige Leben, aus dem es keinen Ausstieg gibt. Es gibt wohl Anfang und Ende von Lebensformen, aber das Leben selbst hat nie begonnen und wird niemals enden.

Doch soll damit keinerlei Drohung verbunden sein. Ganz im Gegenteil. Da nach unserem heutigen Wissen die allermeisten Lebensformen (und Ich spreche hier ausdrücklich nicht nur von organischen Lebensformen, sondern von der Gesamtheit der Formen allen Lebens) nicht über unsere Sensoren und Schmerzempfindun-

---

[132] Also des universalen Orgons, Ki, Chi, Prana, Äther…

[133] Und ist verursacht durch die auf S. 19 ff beschriebene, von Menschen verursachte Todesangst, von der sich die Menschheit bis heute noch nicht befreit hat.

Teil dieser Illusion ist, dass wir Leben nur auf sich in unseren Augen bewegende organische Materie reduzieren, und damit in unserem Wortgebrauch bereits all das, was nicht darunter fällt, als tot abqualifizieren.

gen verfügen, bedeutet ein Sterben auch ein Ende des Leidens, dem wir zumindest zu einem bestimmten Grad in unserer menschlichen Lebensform ausgesetzt sind. Und als solches, als Ende des Leidens, ist es durchaus auch zu begrüßen.

Fühlt Eure Verbundenheit mit dem Universum. Traut Euch, es zu fühlen. Und wenn Ihr dabei weinen, schreien und anderweitig ausagieren und abreagieren müsst, fühlt es durch und durch und lebt es aus – darin besteht die einzige reale Er-lösung, die es gibt und die möglich ist.[134] Nur die Befreiung der Gefühle im Hier und Jetzt aus ihrer erstarrten, von Altschmerz verzerrten Form gibt jedem einzelnen Individuum erst neue Möglichkeiten zu seiner Entfaltung.

Alles ist eins und eins ist alles!

Alles ist miteinander verbunden und verwoben. Alles ist komplex. Es gibt darin kein Alleinsein und keine Isolation, keine absolute Abgeschiedenheit, sondern nur das

All-Eins-Sein das engl.: al(l)-one-being

All-ein-s-sein.

Es gibt keinen Anfang und kein Ende. Nur Formen entstehen neu und vergehen wieder, aber die Kraft/Energie, die all diesem zugrunde liegt, hat nie begonnen und wird nie aufhören zu sein.[135]

_____

[134] [Anm. d. Hrsg.:] „Bedeutsam am Erleben des Urschmerzes ist, daß es ein Hinweis darauf ist, daß Gefühle an sich nicht weh tun. Wenn man sich gegen das Gefühl verspannt, dann tut es weh. Das soll nicht heißen, daß es keine unerfreulichen Gefühle gebe, aber wenn sie als das empfunden werden, was sie sind,dann werden sie nicht in Urschmerzen verwandelt. Traurigkeit tut nicht weh. Aber wenn einem versagt ist, traurig zu sein, wenn man nicht elend sein darf, dann tut es weh. Fühlen ist also die Antithese des Urschmerzes." Arthur Janov, Der Urschrei, Psychologie Fischer, Frankf/m. 1975, S. 88

[135] Dies koinzidiert mit dem physikalischen Energieerhaltungsgesetz. Ähnlichkeiten mit dem Tao, mit dem heiligen Geist (der im Juden- und Christentum leider viel zu unterbelichtet ist), mit Prana, Äther etc. sind durchaus nicht zufällig, da das Gefühl des Ozeanischen, des Allumfassenden und Alles-Gehört-Zusammen schon so alt ist wie wir selber, aber eben auch häufig nur bedingt gefühlt wurde.

Was tun?

> „Wir haben jetzt in der menschlichen Geschichte das Sta-
> dium erreicht, in dem zum ersten Male das Fortbestehen des Menschen-
> geschlechts davon abhängt, wieweit Menschen lernen können, sich sittli-
> chen Überlegungen zu beugen.“[136] Bertrand Russell

Die allermeisten Probleme in unseren verschiedenen menschlichen Gemeinschaften ließen sich relativ problemlos lösen, indem wir unsere Zahl redu-
zierten. Das gilt sicherlich für Energiefragen, für Umweltzerstörungs- und -belas-
tungsfragen, für Kriegsführung (weil durch Bevölkerungsreduzierung die Nachfrage
runter- und das Angebot pro Einwohner hochgehen würde) und für sonstige zivile
Konflikte innerhalb jedweder menschlichen Gemeinde (also Kriminalität etc.).

Sicherlich, es ist schwierig, politische Aktionen zu unternehmen, aber sie sind
möglich. Wir müssen nur erst einmal beginnen. Alle weiteren Schritte werden dann
folgen.

Doch so optimistisch wir auch sein mögen, wir wollen nicht vergessen, dass immense Schwierigkeiten vor uns liegen. Viele Menschen auf dieser Welt glauben
nach wie vor an die große Fruchtbarkeit, sie sind nach wie vor in Religionsgruppen
organisiert, die diese Fruchtbarkeit auf ihre Banner geschrieben haben. Viele davon
leben auf dem Land, wo das Beobachten der natürlichen Fruchtbarkeit um sie her-
um sie leicht dazu verleiten kann, das auch für sich selber als überaus natürlich anzusehen, da die großen Städte weit außerhalb ihres Horizonts sind und deren
schmerzhafte Aus- bzw. Einflüsse meist nur indirekt durch drückende Steuern, Pes-

---

[136] zitiert in: Die philosophische Hintertreppe, Autor: Wilhelm Weischedel, dtv,
ISBN 3-423-30020-5 (http://de.wikiquote.org/wiki/Geschichte)

tizide, chemische Düngemittel, Maschinen und Nachrichten in den Großstadtmedien erfolgen.

In den Städten selbst ist sich das Blatt bereits am wenden. Viele Städter, auch diejenigen der sogenannten Dritten Welt, bekommen heutzutage nur noch 1, 2 oder 3 Kinder. Mehr Kinder sind nahezu überall die Ausnahme geworden. Das liegt v. a. daran, dass das Leben in den Städten teuer ist, dass für mehr und mehr Dinge mehr und mehr bezahlt werden muss und dass das Leben in den Städten nahezu vollkommen seinen ehemaligen ländlichen Beigeschmack verloren hat. Auch spielt die durchschnittliche Erhöhung der Lebenserwartung eine Rolle, dass heute weniger Kinder als früher in jungem Alter sterben. Die Städte sind groß geworden, das Land ist für die meisten von uns sehr in die Ferne gerückt, der Stress hat zugenommen und die Lebensqualität ist für nahezu alle spürbar gesunken.

Wir sind historisch an einem Scheitel- bzw. Wendepunkt. Bisher haben wir politisch stets Bevölkerungswachstum gefordert und gefördert. Aus Angst, anderen zu unterliegen, und aus dem perversen Bedürfnis heraus, andere zu unterwerfen und auf deren Kosten zu leben. Und haben dabei nicht einmal gesehen, wie wir uns selber im Wege waren, wie wir uns unser Leben erschwert haben und uns viel Leid und Hast zugefügt haben.

Doch zwingt uns unsere Angst, durch ökologische Einsicht und Vernunft einen anderen Weg zu gehen und uns mit dem, was wir haben, zu begnügen, uns darauf zu beschränken. Wir müssen ökologisch zu leben lernen und mit dem auszukommen lernen, was wir haben, ohne uns großartigen Hoffnungen auf Wachstum durch Wachstum oder ähnlichem Quatsch hinzugeben.

Wir müssen eine neue Art von Politik lernen, ein Miteinander in Liebe und Freundschaft, anstatt voneinander zu profitieren, einander zu unterwerfen und auszubeuten oder auszuplündern.

Dabei dürfen wir nicht warten, bis diese Politik von unseren Führern vorgemacht wird und wir aufgefordert werden, mitzumachen. Nein, wir müssen gleich selber starten, müssen selber überlegen, brainstormen, und nach Auswegen, nach echten, ökologischen Auswegen aus unserem Dilemma suchen. Wie wir unser Leben über die Schiene der Reproduktion, allerdings über lange Zeiträume hinweg, menschlicher, unserer wilden Seite entsprechender organisieren und entfalten können.

Wir haben gar keine andere Chance, als die, diese Bevölkerungspolitik zu machen und diese politische Bewegung zu beginnen. Sodass sich die Frage nach dem *Was tun?* und dem *Wie damit umgehen?* aufwirft.

Die Problemlösung kann nur darin bestehen, bewusst und auf Dauer die Gesamtvermehrung unserer Art zu verlangsamen und zu stoppen, was bedeutet, kurz-, mittel- und langfristig weltweit die Durchschnittskinderzahl pro Frau auf maximal 2.1 Kinder oder weniger im Schnitt zu beschränken. Dieser Prozeß wird einschließen, die Bevölkerung in den vollkommen überbevölkerten Gebieten wie großen Teilen West- und Mitteleuropas, Japan und anderen Teilen Asiens wie u. a. in China, Indien, Singapur und Hongkong usw. auf das ökologisch minimal Verträgliche zu reduzieren.

Wobei wir darüber diskutieren sollten, wie das zu bewerkstelligen sein soll: ob durch Gesetze[137], durch Erziehung, durch Durchschnittskinderquotensysteme, angepasst an die Ökologien der verschiedenen Erdteile und Klimazonen, einschließlich der Mikroklimata, durch Besteuerung aller Kinder ab dem ersten, zweiten oder dritten, durch Belohnung für wenig Gebärende etc. (?), diverse Passi in der Kreditvergabe....

In keinem Fall durch direkte Gewalt!

Es soll sensibel in Bezug auf die einzelnen Menschen und die kulturellen Traditionen sein.

Hier gibt es noch viel zu diskutieren und zu entscheiden. Und diese Entscheidungen sollen letztendlich in den Köpfen der Betroffenen und nicht allein auf einer übergeordneten Regierungsebene entschieden werden. Allerdings im Wechselprozess zwischen den beiden, zwischen oben und unten.[138]

---

[137] Wie als erstes durch China im Jahr 1979 begonnen.

Das bedeutet aber auch für die bereits über-überbevölkerten Gebiete, den in ihnen bereits begonnenen Prozess der Reduzierung aufs ökologisch Verträgliche als solchen zu begreifen, gutzuheißen und fortzusetzen. Und aufzuhören zu versuchen, ihn durch Zuwanderung von Menschen aus noch gebärfreudigeren Kulturen zu stoppen zu suchen. Um etwa die Zahlung der Renten zu sichern, oder ähnlicher Unsinn.

Denn Zuwanderung schafft zum einen nur neue kulturelle Spannungen zwischen den Alteingesessenen und den Neuankömmlingen anderer Kulturen. Auch zeigt sich, dass bei Neuzuwanderern aus weniger dicht besiedelten Gebieten, in denen der Hang zu zahlreichem Nachwuchs noch weniger gebremst ist, in der Kinder- und Enkelgeneration dahin tendiert, sich an die Durchschnittskinderzahl der neuen Umgebung anzupassen. Es handelt sich somit nur um eine temporäre Verschiebung, deren kurzfristiger numerischer Gewinn z. B. an Steuerzahlern durch die damit entstehenden Nachteile mehr als aufgewogen wird.

Zum anderen verschiebt dieses Erlauben oder Fördern von Zuwanderung auch nur den Lösungsprozess auf die nächsten Generationen, denn früher oder später müssen die Bevölkerungen dieser Länder sich an ihren Lebensraum anpassen, spätestens dann, wenn alle anderen Gebiete dieser Erde voller Menschen sein werden und sie keinerlei Spielraum mehr haben werden, um an andere Menschen anderer Erdteile bedeutsame Mengen an Nahrung und anderen Lebensmitteln abzugeben.[139]

---

[138] Wir benötigen sicherlich eine direktere Demokratie, die Lobbyismus ausschließt und es dem Volk ermöglicht, direkteren Einfluss auf die demokratischen Entscheidungsprozesse zu nehmen. Dazu können Volksentscheide nützlich sein, Volksbefragungen, Bestätigung der Parlamentarier nach ihrer Halbzeit, falls darum gebeten wird, direkterer Rückfluss von Informationen aus der parlamentarischen Entscheidungsebene auf die Wählerebene, Diskussion von wichtigen Entscheidungen vor Ort, Offenlegung der Bücher bzgl. Einkommen etc.

[139] Sicherlich ist auch das Szenario vorstellbar, dass die heute Mächtigen – denn nur sie sind dazu technologisch in der Lage – beschließen, die Bevölkerung ganzer Erdteile auszulöschen, um der „eigenen" Bevölkerung Raum zu verschaffen. Die Technologien (und möglicherweise sogar Pläne) dafür bestehen zweifellos. Um dann danach jene Teile mit „eigenen" Leuten zu besiedeln oder sie für die Nahrungs- und sonstige Lebensmittelproduktion für die „eigenen" Leute zu verwenden.

Diese „Lösung" wäre zweifellos barbarisch, doch es ist leider nicht auszuschließen, dass bestimmte Menschen so denken. Allerdings würde auch das nur eine dauerhaftere und menschlichere Lösung

Und für Zuwanderung gilt umgekehrt das Gleiche: Hier wird Menschen anderer, oft noch weniger dicht besiedelter Gegenden, zugemutet, Menschen aus anderen, dichter besiedelten Gebieten aufzunehmen (Beispiele: Transmigrasi Indonesiens nach Neu Guinea, weltweite Flüchtlingsströme, durch Kriege, Unruhen und durch den Menschen mitverursachte Naturkatastrophen). Für gewöhnlich sorgt das für Spannungen – und Lösungen zu suchen und anzuwenden dauert seine Zeit.

Nur unter einer Weltregierung, einer erweiterten UNO wird das möglich sein.

Wobei der Bildung einer Weltregierung die egoistischen Interessen vieler Menschen im Wege stehen. Denn wer will sich schon gerne von anderen etwas sagen lassen? V. a. wenn es dabei um Einschränkungen an Rechten, ums Aufbürden von Pflichten u. Ä. geht? Da liegt noch ein langer dorniger Weg vor uns, den wir dennoch werden begehen müssen, da es letztendlich ohne eine Weltregierung nicht gehen wird.

Ich kann nur bitten: Bitte, Bitte, um Eurer selbst und um Eurer Familien, Eurer Kinder und Eurer Freunde willen: Werdet bewusster, werdet bewusst.

Werdet Euch erst einmal der Enge, in der Ihr selber lebt, bewusst. Bewegt Euch, reist auch, wenn möglich, und vergleicht die Lebensgefühle, die Ihr unterwegs entwickelt und beobachtet, in wie weit sie nicht nur mit Klima und Natur, sondern auch mit der Anzahl von Menschen, die in einer Gegend lebt, und somit deren Dichte, zu tun hat.

Dies heißt in Sachen Fortpflanzung und Vermehrung: werdet Euch bewusst, was Ihr tut! Denkt auch daran, was Ihr Eurem Kind bzw. Euren Kindern zumutet, wenn Ihr es-sie in diese Welt setzt. Und nicht nur in Sachen der persönlichen Beziehung

---

verschieben, weil auch der „eigenen" Leute irgendwann wieder so viele wären, dass kein Spielraum für weiteres Wachstum mehr vorhanden wäre. Womit der gleiche Problemzyklus von vorne beginnen könnte und würde.

Natürlich abgesehen von moralischen und ethischen Gesichtspunkten, die solch ein Vorgehen als vollkommen unmenschlich und barbarisch von vornherein ausschließen und verdammen. Doch da viele der Mächtigen aufgrund ihrer individuellen und sozialen Lage nicht besonders viel Herz zu zeigen pflegen, abgesondert von der großen Masse der Menschen leben und leicht Wahnideen verfallen, ist solch ein Verhalten auch generell leider nicht auszuschließen.

zum Kind und dem Partner und der Frage, ob und wie es möglich sein wird, es aufzuziehen. Macht aus Eurer Fortpflanzungsentscheidung ein bewusstes Öko-Politikum, denn das ist es sowieso. Seid Euch bewusst, dass wenn Ihr unter der Fortpflanzungszahl der Art in Eurem Kulturkreis (im industrialisierten Westen derzeit 2.1. Kinder pro Frau) liegt, wenn Ihr also keins, 1 oder 2 Kinder in die Welt setzt, dass Ihr dann den Ressourcendruck, und damit den ökologischen Druck verringert, weil dann für die nächste Generation mehr Ressourcen pro Kopf vorhanden sein werden.

Bei einer durchschnittlichen Kinderzahl von 2.1 bleibt der Ressourcendruck im Wesentlichen erhalten.

Und bei einer Zahl von im Durchschnitt über 2.1 erhöht sich der Druck, was Auswirkungen auf das eigene Verhalten, aber auch das der Gruppe als solcher hat, da die Ressourcenknappheit – und die damit einhergehende Unsicherheit – und somit die Konkurrenz untereinander zunehmen wird. Wobei egal ist, um welche Gruppe es sich handelt: ob um die Familie, den Bezirk, das Land, den Kontinent, die Kultur, die Religion oder die ganze Welt.

All das natürlich nur unter der Voraussetzung, dass es weder Zu- noch Abwanderung gibt. Weil diese natürlich auch den ökologischen Druck vermehrt bzw. vermindert.

Und hört auf, Dummköpfen zu folgen, die Euch sagen, dass die Zahl der Menschen vollkommen unabhängig von Eurer Lebensqualität sei. Bevölkerungsdichte und Lebensqualität sind aufs engste miteinander verwoben.

Glaube und Glauben bezieht sich natürlich auch auf die Annahme, die wir Menschen bzgl. der Prinzipien unseres Lebens und unseres Universums in Raum und Zeit machen. Auch hier gilt, dass ein unmittelbarer, faktischer „Beweis" unmöglich ist, da es sich um historische, biologische und psychologische Hypothesen handelt, die wir höchstens deduktiv begründen, nie aber wirklich im strikt wissenschaftlichen Sinne werden beweisen können.

So soll also auch hier gelten, dass derartige Deduktion in Übereinstimmung mit unserem Wissen stehen muss und als Extrapolation zu gelten hat. Und eben auch nur soviel Gültigkeit haben kann, wie es einer geistigen Extrapolation zusteht.

Bewusstsein erweitern zum Weltbewusstsein!

Wir brauchen eine neue Moral. Eine, die anfängt, zwischen der Kinderzahl pro Paar bzw. pro Frau nach ökologisch-politischen Gesichtspunkten und Maßstäben zu differenzieren. Eine Haltung, die nicht alle Geburten einfach nur bejubelt und über jeden Toten einfach nur trauert. Obwohl natürlich jeder Geburt auch etwas Erfreuliches und jedem Tod etwas Trauriges anhängt. Differenzierung, Unterscheidung ist angesagt. Da Fortpflanzung wichtig für den Arterhalt ist, muss diese natürlich per se gut geheißen werden. Was aber nicht das bedingungslose Vermehren gut heißen kann. So wie auch jedes Kind in dieser Welt willkommen geheißen werden muss, da es nun einmal da ist. Was aber nicht heißen darf, dass auch jede Entscheidung von Menschen, ein Kind in diese Welt zu setzen und somit Eltern zu werden, gutgeheißen und gelobt werden soll. Da es auch traurig ist, Naturvernichtung und Vergroßstädterung als Ergebnisse von Bevölkerungszunahme miterleben zu müssen. Und da es auch traurig ist, Menschen in diesen Verhältnissen leiden zu sehen und es für einen Neugeborenen einen langen Leidensweg durch sein ganzes Leben hindurch bedeutet.

Teil der zukünftigen Staats- und Menschenführung wird es sein, darum zu wissen, dass innere und äußere Angelegenheiten nicht wirklich verschieden sind, sondern einander wie die beiden Seiten einer Medaille, bedingungslos bedingen. Dass Innen und Außen sich gleichen und miteinander innigst verwandt und verwoben sind.

Das bisherige Denken, das nur bis zur Grenze der Gemeinde, des Kreises, Bezirks, Landes, Bundes oder der Kultur und Religion reicht, wird der Vergangenheit zuzuordnen sein. Denn alles ist eins und wirkliche Grenzen gibt es allerhöchstens in unseren Köpfen – und sonst nicht.

Es liegt an Euch, den Jungen, den Fruchtbaren, an Euch Jugendlichen und jungen Erwachsenen, das Blatt zu wenden. Denn Ihr seid die bevölkerungstechnisch und damit ökonomisch und politisch Bestimmenden, Ihr habt die ökologische und politische Zukunft in Eurer Hand.

Sicherlich, Ich weiss, dass versucht wurde, Eure Gehirne zu waschen, und in einigen Fällen wird es leider auch gelungen sein, doch ist das kein Grund aufzugeben und an der Möglichkeit des Menschen zur Vernunft zu verzweifeln. Und je weiter die ökologische und moralische Krise, in der wir uns befinden, voranschreitet, desto mehr erhöht sich der Druck, nach gesunden Lösungen zu suchen und diese auch in die Tat umzusetzen.

Und die einzige Lösung, die uns dauerhaft weiterhilft, ist, unser Bevölkerungswachstum v.a. in den überdicht besiedelten Gebieten, zu stoppen und umzudrehen, d.h. eine friedliche Verminderung der Bevölkerung anzusteuern und zu beginnen.

Doch ist es nicht in allen Fällen gelungen und so liegt es an euch, Geschichte, gute ökologische Geschichte zu schreiben und dem Vermehrungswahn ein für alle Mal adieu zu sagen. Eine neue, bessere Zukunft zu gestalten, im Bewusstsein für die Umwelt und ein neues Leben, für ein freundliches und friedliches Miteinander, in dem wir uns wie Geschwister fühlen und verhalten, dem anderen helfend anstatt ihm misstrauisch gegenüberstehend und ihn beneidend.

Textfragmente und Anmerkungen des Autors

Zur Bevölkerung (Schwerpunkt)

Babylon – urbanes Zentrum der Antike

„Mit ca. 3,5 Quadratkilometern Altstadtfläche gehört Babylon zu den größten Stadtanlagen des Altertums. Da nie das gesamte Areal bebaut war, ist die Einwohnerzahl ungewiss. Man kann aber annehmen, dass damals bis zu 80.000 Menschen Babylon bewohnten. Zählt man die Neustadt hinzu, wäre Raum für weitere Zehntausende Einwohner gewesen, womit die Stadt zu Recht als urbanes Zentrum der Antike anzusehen ist." (ohne Zeitangabe für die angegebenen Zahlen. Es liegt zwischen 3.000 und 600 v.u.Z.) in der Ausstellung: „Babylon, Mythos und Wirklichkeit", Pergamonmuseum Berlin, im Sommer 2008)

Monströse Städte

„Zu jedem Zeitpunkt der Geschichte hat es eine oder zwei Städte der monströsen Art gegeben – z. B. Babel oder Babylon, Ur-Lhasa, Ninive, Syrakus, Rom, Samarkand, Tenochtitlan, Peking – aber wir leben heute im megapolitanischen (oder nekropolitanischen) Zeitalter, wo solche Desaster sich vervielfältigt haben und die Gefahr besteht, dass sie zusammenwachsen und die Welt unter totem, aber multipotentem Großstadtmüll begraben."[140]

Masse an Menschen und Reichtum in China 500 v. Chr.

„Die Menschen meinen, fünf Söhne seien nicht zu viel und jeder Sohn habe fünf Söhne; wenn der Großvater stirbt, hat er fünfundzwanzig Nachkommen. Deshalb

---

[140] Fritz Leiber, Herrin der Dunkelheit (orig.: Our Lady Of Darkness, 1976), ins Deutsche übersetzt von Hans Maeter, München 1980, S. 67, (http://de.wikiquote.org/wiki/Geschichte)

gibt es immer mehr Menschen und ihr Reichtum schwindet dahin; sie arbeiten hart um geringen Lohn."[141]

Bevölkerungsraten, Bevölkerungsvermehrung und Bevölkerungsdichten

Bisher ist im Abendland überwiegend über Bevölkerungsraten und Bevölkerungs-vermehrungsraten debattiert worden und nur am Rande über Bevölkerungsdichten und deren Auswirkungen. Dies kann als Fortsetzung der Verdrängung des Wachs-tumstabus verstanden werden. Wir müssen aber über Bevölkerungsdichten und de-ren Entwicklung reden, wollen wir zu einem tiefen Verständnis von uns selbst und unserer Geschichte gelangen.[142]

Es ist seltsam, wie wir in unserem Denken trainiert sind, über Anzahlen von Be-völkerungen nachzudenken und zu reden, aber nicht über Bevölkerungsdichten, die doch viel mehr über die Qualität des Lebens eines Volkes, eines Erdteils oder gar der ganzen Welt aussagen, als nur die Tatsache, w i e v i e l e Menschen an einem gegebenen Ort zusammen leben. Es ist dies aus dem genau gleichen Grunde pas-siert, wie das oben Angegebene: mehr werden und damit enger zusammen leben, galt und gilt als gut, da es Stärke bedeutet, und die Stärke des Gegners wird schlicht und einfach erst einmal daran gemessen, wie viele Menschen und da vor allem, wie viele Männer er hat.

Expansion und Bevölkerungswachstum

„Wenn es überall auf der Welt zu wiederholten Expansionen gekommen ist, dann doch wohl deshalb, weil sich die Menschheit vermehrt hat. Die räumliche Ausdeh-nung ist also eher eine Auswirkung als eine Ursache des Bevölkerungswachstums."[143]

---

[141] Hau-Fei-Tzu, ca. 500 v. Chr. Nach Club of Rome, Die Grenzen des Wachstums, rororo, Hamburg, 1973, S. 18

[142] Den Unterschied zwischen Vermehrung und Fortpflanzung hat Ona im Kap.1 ausführlicher disku-tiert.

[143] Fernand Braudel, Geschichte der Zivilisation 16-18 Jahrhundert, Kindler München,1071, S. 36

Zur Übervölkerung

„... ‚Übervölkerung' nennen wir also zunächst ein solches Wachstum der Bevölkerung eines bestimmten Gebiets, dass bei dem bestehenden Gesellschaftsaufbau für immer weniger Menschen die Befriedigung ihrer Standardbedürfnisse möglich ist. Aus unseren bisherigen Erfahrungen kennen wir nur eine ‚Übervölkerung' relativ zu bestimmten Gesellschaftsformen und einem bestimmten Bedürfnisstandard, eine gesellschaftliche Übervölkerung.

Deren Symptome sind in einigermaßen differenzierten Gesellschaften, im Großen gesehen, immer die gleichen: Wachstum der Spannungen im Innern der Gesellschaft, verstärkte Abschließung derer, die ‚haben', also im Falle der vorwiegend natural wirtschaftenden Gesellschaft ‚Boden haben', von jenen die ‚nicht haben' oder jedenfalls nicht genügend, um sich ihrem Standard entsprechend zu ernähren, und oft zugleich auch innerhalb der ‚Haves' verstärkte Abschließung derer, die mehr, gegenüber jenen, die weniger haben; stärkerer und betonterer Zusammenschluss der Menschen in gleicher, sozialer Lage zur Abwehr der andrängenden Außenstehenden oder umgekehrt zur Eroberung der von anderen monopolisierten Chancen. Ferner verstärkter Druck auf Nachbargebiete, die weniger dicht besiedelt oder schwächer verteidigt sind und schließlich verstärkte Auswanderungstendenzen, Antrieb zur Eroberung oder mindestens zur Besiedlung neuer Böden.

Es ist schwer zu sagen, ob die überlieferten Quellen ausreichen, um uns ein genaueres Bild von dem Bevölkerungswachstum Europas in den Jahrhunderten des Sesshaftwerdens zu geben und vor allem auch von den Unterschieden in der Bevölkerungsdichte der verschiedenen Gebiete.

Eines aber ist sicher: Wenn die Wanderbewegungen langsam zum Stillstand kommen, wenn die ganz großen Kämpfe und Besitzverschiebungen unter den verschiedenen Stämmen ein Ende haben, zeigen sich, eines nach dem anderen, alle Symptome einer solchen ‚gesellschaftlichen Übervölkerung', eines raschen Wachstums der Bevölkerung, mit dem die gesellschaftlichen Institutionen sich umformen."[144]

---

[144] N. Elias, Über den Prozess der Zivilisation, Bd.2 , S. 45 f.

Norbert Elias erkennt hier etwas klar und deutlich, nämlich den Zusammenhang zwischen der Anzahl von Menschen und der Art ihres Zusammenlebens, die sich zwangsläufig, mit der Kraft eines Naturgesetzes, aus ihrer Zahl im Verhältnis zu ihrem Umfeld ergeben muss. Doch verliert er diese Erkenntnis später, wenn es um die Zeit nach der Kolonisierung der Amerikas, Afrikas und Asiens geht, weil sein Blick und Denken auf Europa beschränkt bleibt, weil er sich, wie so viele andere Historiker, Soziologen, und Ökonomen, auf Europa beschränkt, anstatt zu erkennen, dass die reale Geschichte Europas spätestens ab 1492, der Entdeckung Amerikas durch Kolumbus, auch von der Geschichte und der Ökonomie dieser Kolonien und dem Kampf der Europäer um diese Kolonien bestimmt ist. Und dass diese Geschichte und diese Kämpfe natürlich auch das Leben in der Heimat bestimmen, da aus den Kolonien Güter, oft genug von Sklaven oder anderen billigen Arbeitskräften erzeugt, kommen und die heimatliche Wirtschaft mitzubestimmen beginnen und das Leben dort erleichtern und andererseits auch Menschen aus dem kolonialen Mutterlande in die Kolonien auswandern und damit den Bevölkerungsdruck in der Heimat lindern können.

Bevölkerungsabnahme

Ich frage mich natürlich auch immer wieder, warum es so schwer sein soll – warum es nicht einfach auch mal anderen einfällt[145] – zur Lösung unserer globalen, regionalen, nationalen und lokalen Probleme einfach mal daran zu denken, weniger Kinder zu produzieren und die Bevölkerung somit auf friedliche und bewusste Weise zu reduzieren. Und nicht nur daran zu denken, sondern auch darauf zu pochen.

Oft wird eingewandt, dass es zu lange dauern würde, bevor es sichtbare Resultate zeigen würde. Sicherlich, es würde seine Zeit dauern, bevor große Resultate zu sehen und zu erkennen wären, denn es wäre ein langsamer, aber stetiger Prozess, aber immerhin doch ein Prozess, der wirksam wäre. Denn mit der Verminderung an Menschen, die in vieler Beziehung Problemverursacher sind, würden auch die Pro-

---

[145] Ich bin mir bewusst, dass ich nicht der einzige Rufer in der Wüste bin, verstehe aber auch, dass es doch gemessen an der Masse Mensch u n d gemessen an den Problemen nach wie vor nur wenige

bleme geringer werden. In Sachen Klimaerwärmung[146]: es wären weniger Menschen da, die fossile Brennstoffe brennend in die Luft auflösen würden. Das gleiche gilt für das Thema Umweltverschmutzung. Genauso beim Thema Artensterben: es würde peu à peu mehr Platz für andere Arten, die vom Aussterben bedroht sind, gemacht werden.

Und wenn wir es über größere Abstände betrachten, über Jahrzehnte z. B., dann wäre da ein riesiges Potential. Nehmen wir an, in den letzten drei Jahrzehnten wäre die Weltbevölkerung nicht jährlich um 80 Millionen zusätzliche Menschen angewachsen, sondern um die gleiche Zahl geschrumpft. Dann hätten wir heute nicht 6,7[153a] Milliarden Mitbürger, sondern nur ca. 2,7 und der Raum für andere Tiere wäre größer, vom Artensterben wäre wahrscheinlich keine Rede mehr. Ebenso CO_2-Ausstoß: Klimawandel wäre vielleicht kein Thema mehr, vorausgesetzt, dass es nur wir sind, die es wandeln. Unsere kriegerischen Konflikte wären in der Abstatt in der Zunahme begriffen, und die weltweite Umweltverschmutzung und -vernichtung wäre ein wesentlich geringeres Problem.

Doch warum keiner daran denkt? Es ist mir ehrlich gesagt ein Rätsel, und es will mir nicht in den Kopf, dass eine derart intelligente Art wie die unsere nicht in der Lage sein sollte, ihre Zahl auf eine ökologisch verträgliche einzupendeln.

Es wäre auch der einzige Prozess, der tatsächlich eine tiefere Lösung und somit Entspannung brächte, der den Stress und die Konkurrenz zwischen uns und in uns herunterbrächte und damit mehr Freude in unsere Leben bringen könnte.

Menschen sind, die das Problem grundsätzlich so radikal ökologisch betrachten und angehen wie Ich.

[146] Hier einmal vorausgesetzt, dass die Klimaerwärmung tatsächlich nur von uns Menschen verursacht ist und dass andere Faktoren wie Unterschiede in der Sonnenstrahlung oder nicht durch uns Menschen verursachte Veränderungen in der Atmosphäre keinerlei bedeutende Rolle spielten.

[153a] Am 31. Oktober 2011 sind wir offiziell sogar schon 7 Milliarden Mitbürger geworden! (Anm. d. Hrsg.)

Klima und Bevölkerungszunahme

„Für diese mehr oder weniger parallel laufende Entwicklung (der Bevölkerung) gibt es nur eine einzige, allgemein gültige, inzwischen auch von den Gelehrten ernst genommene Erklärung: die Veränderung des Klimas. Wie sich aus den jüngsten intensiven Forschungen von Historikern und Meteorologen ergibt, schwanken Temperatur, Luftdruck und Niederschlagsmenge ständig, was sich in irgendeiner Weise auf Bäume, Flüsse, Gletscher, auf die Höhe des Meeres, das Gedeihen von Reis und Getreide, von Ölbäumen und Wein, auf Tiere wie Menschen auswirkte."[147]

Jeden Tag nimmt die Weltbevölkerung um annähernd 200.000 Menschen zu. Was in vielen Fällen die gebärenden Frauen und die dazugehörigen Familien und deren Freunde freudig stimmt – Ausnahmen bestätigen hier noch eher die Regel –, ist global betrachtet eine kleine Katastrophe, da dadurch der Druck auf die Ressourcen und die Umwelt zunimmt: die Ressourcen werden knapper, der Lebensraum jedes einzelnen wird enger und für viele Arten wird der Lebensraum so eng, dass er nicht einmal mehr für ihr Überleben ausreicht.

Welternährungskrise und Weltbevölkerung

Die jetzige Welternährungskrise mit der Verdoppelung von Getreidepreisen innerhalb einer sehr kurzen Zeitspanne von einem Jahr hat sicherlich ihre Auswirkungen auf die Fruchtbarkeit der Weltbevölkerung und wird viele ökologische, politische und ökonomische Gewichte verschieben.

Bedauerlich daran ist, dass es der Preisdruck ist, der das Massenbewusstsein verändern wird, und nicht eine vorherige Einsicht, dass das Zusammenleben leichter und schöner mit weniger Mitspielern ist.

Zuwanderungspolitik

Der Versuch, die in den über-überbevölkerten Ländern Europas vor sich gehende Bevölkerungsverminderung durch Zuwanderung „auszugleichen" und somit zu verhindern, ist nur der naive und höchst kurzfristig gedachte Gedanke, das beste-

---

[147] Fernand Braudel, Geschichte der Zivilisation 15-18 Jahrhundert, Kindler, München, 1971, S. 36f.

hende Industriesystem nach Shareholdervalue und Kapitalverwertungskriterien am Leben und Laufen zu halten.

Doch bringt es langfristig nichts als Spannungen und einigen monetären Gewinn in die Taschen der Industriekapitäne – langfristig ist der Versuch zum Scheitern verurteilt, da sich alle Regionen der Welt ökologisch an die Füllung des Planeten mit Menschen werden anpassen müssen und somit die Über-überbevölkerten auf ihr ökologisch verträgliches Maß werden zurückgehen/schrumpfen müssen. Nur wenige Gebiete, vielleicht Stadtstaaten und Städte, die es verstehen, sich von ihrem Umfeld zu versorgen, werden davon ausgenommen sein.

Von daher ist es ratsam, dem ökologischen Trend bewusst zu folgen, ihn auf die politischen Fahnen zu schreiben und damit den Übergang aufs ökologisch Verträgliche so schmerzfrei/-los/verlustfrei und angenehm wie möglich zu machen, bis der Überhang an Bevölkerung verschwunden sein wird. Wir müssen dabei darauf achten und dafür Sorge tragen, dass soziale Härten möglichst weitgehend vermieden werden.

Es ist ein langer, sich über Jahrzehnte hinziehender Prozess, der schon seit den 1960/70ern begonnen hat.

Zu der Ansicht vieler Menschen, unsere Vermehrung sei von uns selbst verursacht

Sicherlich, unser Wollen und Kämpfen, unser Krieg führen, vermehrt Nahrung herstellen und Technologien entwickeln: das spielt alles eine Rolle. Kein Zweifel. Und dennoch, unser Fortpflanzungstrieb ist instinktiv, als Lust auf Sex bei beiden Geschlechtern und auf Lust auf ein Kind im Bauch bei den (meisten) Frauen. Dieser Trieb wurde sogar noch kulturell verstärkt durch die Angst vor den anderen und dem daraus erwachsenden Wunsch, als Gruppe mehr zu werden. Was somit auf „unser" Konto geht, aber eben auf das der Angst, und nicht auf das des „freien" Willens oder der Lust an mehr Menschen.

Und zu Beginn der Vermehrung war ja nicht einmal klar, dass Sex dabei eine Rolle spielte, da die Vaterschaft nicht klar, nicht bekannt war.

Gut, es ließe sich andererseits sagen, dass wir durch unsere Großhirnrinde veränderte Wesen geworden sind. Wesen, die, weil zu Leistung und Arbeit befähigt, damit alles „geschmissen" haben. Was stimmt, nur eben nicht aus freien Stücken, sondern aus unfreien. Aus Not und Drang, aus Not-Wendigkeit eben.

Fortschritt und Fortpflanzung

Viele Menschen denken, dass der Zuwachs an Menschen daher rührt, dass wir neue Erfindungen machen, die es dann erlauben, dass mehr Menschen am Leben bleiben können. Sicherlich hat dieses Denken seine teilweise Berechtigung, obwohl es in sich vollkommen unbiologisch ist. Jedenfalls prinzipiell gesehen.

So will Ich hier versuchen, meine Art zu denken darzustellen: Es werden immer mehr Menschen geboren, die einzelnen Individuen fragen für gewöhnlich nicht nach historischen Trends oder Gesetzmässigkeiten, sondern machen ihre Fortpflanzung, wie es ihnen gefällt, und das meistens, jedenfalls seit Beginn unserer Denkfähigkeit, unserer Zivilisation, angefeuert durch Glaubenssätze wie: Es ist gut, mehr Menschen zu werden, weil wir dann mehr Menschen in unserem Stamm oder unserer Nation sind, und damit können wir dann stärker als die anderen Stämme bzw. Nationen sein.

Und dann werden es mehr, und diese müssen nach Wegen suchen, um sich am Leben zu erhalten sowie fortpflanzen und meist auch vermehren zu können. Und oft ist es so, dass die bestehenden Verhältnisse es erlauben, damit einfach wie bisher weiterzumachen, womit die Art der materiellen Lebensreproduktion ausgedehnt wird. Doch kommt dann eine Zeit, wenn das nicht mehr geht, wenn das Land z. B. bevölkert ist und dann die Menschen abzuwandern und Städte zu bilden beginnen und damit ganz neue Dinge entstehen, wie größere Märkte, Handwerk bzw. eine Verfeinerung dessen, Hausbau, bzw. eine Verfeinerung und Verkomplizierung desselben, Wasserleitungen müssen gelegt werden, um Abwasser muss sich gekümmert werden, der Transport von Personen und lebenswichtigen Dingen muss organisiert und bewerkstelligt werden etc. In einer späteren historischen Epoche müssen dann Kommunikationssysteme entwickelt und erstellt werden, Energie muss erzeugt und herangeschafft werden.

Dieses sukzessive Mehrwerden bedeutet also auch eine sich verkomplizierende Lebenswelt, in der der Einzelne es immer schwerer hat, sich selber zu finden und darin zurechtzukommen.

Psychologische Aspekte (Schwerpunkt)

Angst der Kinder in der Zivilisation

Zu S. 12. Verbindung zwischen Enge und Kinderangst. Die Kinder haben Ängste in der Zivilisation, die als „normal" angesehen werden, soweit sie überhaupt zur Kenntnis genommen werden. Das Kind jedweder Zivilisation wächst in Enge auf, seine instinktive Bewegungsfreiheit wird ständig beschnitten. Seine Lust, im Laden/Supermarkt oder auch in einem „fremden" Garten eine es verlockende Frucht zu nehmen und zu essen, oder einfach nur anzufassen oder zu probieren, wird mit Strafe bedroht, die soweit gehen kann, dass ihm nicht nur auf die Hand geschlagen, sondern in manchen Kulturen diese sogar abgehackt werden kann.

Enge drückt sich nicht nur auf dem Schlachtfeld oder zwischen Nationen in Aggression, Totschlag, Verletzung und Mord aus, sondern auch in den Familien. Und die Kinder, die Nachgeborenen, sind diejenigen, die darunter zu leiden haben. Das Schreien und Jammern vieler Kinder, und ihr sich Einigeln bzw. sich Verstecken und ihr innerliches, seelisches Verkümmern u. a. m., das alles sind Auswirkungen dieser Enge und Ängste.

Und je „höher" die Zivilisation ist, umso mehr Triebreduzierung gibt es, die von den meisten Erwachsenen als vollkommen „normal" und unumgänglich angesehen wird, soweit sie sie überhaupt noch wahrnehmen, die aber von den Kindern und Jugendlichen noch viel bewusster erlitten wird. Sie versuchen sich noch zu wehren, indem sie schreien oder weglaufen, doch am Ende gelingt es keinem. Und in diesem Prozess der individuellen Zivilisation wird viel gelitten und wird die gesamte Zivilisationsgeschichte sowohl ihrer Familie als auch ihrer Kultur nach noch einmal durchlitten. Es wird hier viel traumatisiert und Neurosen und Psychosen, Schizophrenien, Boarderliner etc. wie am Band hergestellt.

All das lässt sich psychoanalytisch (wenngleich auch nicht unbedingt im Freud-schen Sinne) nahezu haargenau nachvollziehen und verstehen, und auch Heilung ist möglich, soweit es der gesamtgesellschaftliche Rahmen überhaupt zulässt.

Wie geht es denn einem Kind in einer modernen Gesellschaft? Es muss sich erst einmal daran gewöhnen, dass es von neurotischen Menschen, die tendenziell eher verkrampft und gefühlskalt sind, umgeben ist. Diese Menschen haben kaum noch Zugang zu ihren eigenen Gefühlen, sodass das kleine Kind meist unverstanden bleibt und oft an seine Grenzen stößt und nur geliebt wird, wenn es sich erwachse-nen- und nicht kindgerecht verhält.[148]

Es muss sich an all die vorhandenen Gewohnheiten anpassen, sei es dass es „lernt", seine natürliche Nacktheit mit Scham zu empfinden, sei es, dass es sich an die Besitznormen anpassen muss, an gekünstelte Verhaltensregeln, an Do's and Don'ts, an doppelte Standards und doppelte Moral, dass ihm der Zugang zu den ei-genen Gefühlen und zu seinem eigenen Körper zunehmend mehr verbaut wird und eine Moral (das, was Freud das Über-Ich nannte) die natürlichen und spontanen Gefühle ersetzt. All das in einem jahrelangen, fein abgestimmten, aber nichts desto trotz brachialen Prozess, der dem Kind auf dem Weg in die Pubertät und später ins Erwachsensein allerhand emotionale Brüche und mit hoher Sicherheit einen Min-derwertigkeitskomplex und allerhand andere neurotische Verhaltensweisen bringt.

Denken und Fühlen

Innen und Aussen, eigene Gruppe – andere Gruppe, Doppelmoral, wie sie sich in nahezu allen von uns zeigt, dass wir anderer Menschen Leben unterschiedlich ge-wichten und werten. Und damit zu unterschiedlichen, allerdings skalierten Verhal-tensweisen Mitgliedern der eigenen Gruppe(n) und Mitgliedern der anderen Grup-pen gegenüber kommen. Im Extrem zum schizophrenen Verhalten von Nazis wie Goebbels und Eichmann, die **sich einbildeten,** ihre eigenen Kinder tief und innig zu

---

[148] Jean Liedloff beschreibt das ausführlich in ihrem „Continuum Concept", auch A. Janov geht darauf detailliert in seinem „The feeling child" ein. Auch Alice Miller behandelt dieses Thema ausführlich in eigentlich all ihren Büchern.

lieben, andere Menschen und deren Kinder aber grausamst misshandelten bzw. misshandeln ließen.

Primärräume

Verbreitung und Ausbau von Primärräumen[149], Zurückführung zu gefühlvollem und bewusstem Verhalten. Überall Primärräume. Allgemeine Akzeptanz und Willkommenheißen derselben, da anerkannt wird, wie wichtig das Abreagieren für jedes einzelne Mitglied unserer Spezies ist. Auf Kosten der Allgemeinheit hin Trainer, Therapeuten, Anleiter zum Primeln. Abbau der Angst vor den eigenen Gefühlen, Abbau der Scham durch das Erkennen der Nichtnotwendigkeit und störenden Einfluss falscher Moral.

Dem anderen ein Helfer sein.

Entspannung

Tiefes Glück entsteht nur durch Entspannung. Freude durch Aufregung positiver Art überdeckt nur die darunter liegende An- und Verspannung und macht sie momentan vergessen, entspannt aber nicht wirklich tief.

Mönche und Nonnen vieler Religionen/Weltanschauungen haben versucht, sich in von der Gesellschaft abgetrennter Einsamkeit dieser Entspannung hinzugeben, wobei sie immer wieder an der tiefen Entspannung durch entgegengesetzte Glaubensvorschriften und Ordensregeln gehindert wurden.

Was wir als Menschheit brauchen, ist tiefe Entspannung, Befreiung von Ängsten, deswegen von Raumnot, von Enge. Wir sollen uns Raum verschaffen, allerdings nicht durch Gewalt, weil das unserem Ansinnen vollkommen entgegengesetzt ist. Sondern durch Vernunft, durch Verstand und durch Kontrolle unserer Fortpflanzungsfreudigkeit und Fortpflanzungskraft. Was natürlich bedeutet, dass wir anders

---

[149] Primärräume sind Orte, in denen mensch in einer übervölkerten Welt ruhig und gewissenlos seinen Gefühlen Ausdruck verleihen kann, ohne Rücksicht auf äußere Kräfte nehmen zu müssen. Nur den eigenen, inneren Impulsen gehorchend. Und somit zu einer inneren Befreiung zu kommen, die die inneren Kräfte mobilisiert und für das Leben und Überleben zur Verfügung stellt.

mit unserem Gruppendasein werden umzugehen lernen müssen. Das alte Hauruck und Haudrauf wird dazu der Vergangenheit angehören müssen, und die Kontrolle der Macht wird auf breiterer demokratischerer Ebene vonstatten zu gehen haben.

Wir werden den Aspekt von Macht und Angst im Lichte eines neuen Verstehens und Verständnisses ganz neu diskutieren müssen, um damit wirkliche Machtkontrolle im Innern und Außen gewinnen zu können und sie aus den Händen der Machtbesessenen und Reichtumsversessenen nehmen und in die Hände von weiseren und weitsichtigeren Menschen legen zu können.

Kinderwunsch

Sicher, wenn Du willst, wenn Du es Dir leisten kannst und wenn Du Deinem Kind erklären kannst, warum Du es in diese Welt setzen wolltest und musstest, kannst Du ein oder zwei Kinder in diese Welt bringen, und was Deinen Anteil an der Weltbevölkerungsfrage anbelangt, wird die Weltbevölkerung immer noch abnehmen.

Aber Du sollst denken, sollst endlich beginnen zu denken, indem Du Deine Gefühle befreist und Deine Gedanken zu treuen Gehilfen Deiner Gefühle machst. Was keine Herabstufung ist! Ganz im Gegenteil! Dadurch werden sie auf die höchstmögliche Daseinsstufe gehoben, denn sie hülfen Deinen Gefühlen zu vollem Leben – und ohne Gefühle wäre das Leben ein Nichts.

Du sollst selber sein, Du sollst Dich im Rahmen Deiner Möglichkeiten selber verwirklichen Dich selbst realisieren und Dich selber finden, als das, was Du bist, ein Mensch voller Gefühle, eingewoben in die Menschenwelt, in die Natur, ins Universum.

Konsumismus

Konsumismus als drogenhafte Frustbefriedigung in einer Gesellschaft, in der es kaum noch Natur und ein „Draußen" gibt, in der ein Entweichen wegen der nahezu allgegenwärtigen Menschenmasse fast unmöglich geworden ist. In einer Gesellschaft, in der die äußeren ökonomischen und sozialen Zwänge dermaßen kompakt und überwältigend geworden sind, dass es große Fluchten nicht mehr zu geben scheint und Konsum (Konsumismus) wenigstens eine kleine Ersatzbefriedigung gibt. Nach dem Motto: wenn schon nicht ganz, so doch wenigstens ein bisschen befriedigt werden.

Sexualität

Es ist die nicht-reproduktive Seite unserer Sexualität, die uns so sehr beschäftigt (nicht mehr, aber sicherlich anders als die reproduktive Seite derselben!), nachdem wir es erfolgreich geschafft haben, in unserem Denken den Sex in reproduktiv/kreativ und rekreativ zu trennen, ihn in seinen fortpflanzenden und in seinen lustvollen Teil zu zerlegen (wie Wildbret – es begann schon bei unseren Vorfahren, den Jägern, mit ihrer sexuellen Arbeitsteilung, und wurde dann endgültig bei den Viehzüchtern, als diese die Fortpflanzungsfunktion von Sex entdeckten).

Kriegerisch werden

Zum Thema Krieg und Gewalt: in letzter Zeit hat es häufiger geheißen, dass wir eine kriegerische Art sind, dass der Krieg in unseren Genen liegt, als würden wir aus Kriegen irgendeine Art von Lustgewinn ziehen.

Und Ich möchte Dich/Sie, meinen geneigte-n und hoffentlich kritische-n Leser-in fragen, ob das auch für Dich/Sie zutrifft. Fühlst Du/Sie d-sich kriegerisch, träumst Du/Sie davon, mitten im größten Schlachtengetümmel zu stehen und Deinen/Ihren Feind blutig zu schlagen und selber Schläge einstecken zu müssen? Gehörst Du/Sie auch dazu?

Ich für mich kann klar und eindeutig sagen, dass Ich Krieg hasse. Ich liebe nichts mehr als meine Ruhe, Freude mit Freunden oder allein, in der Natur, oder beim Lesen eines guten Buches oder beim Verschmausen eines leckeren Gerichtes, Ich liebe nichts so sehr wie meinen Frieden, obwohl Ich es auch kenne, wütend zu sein. Doch ist Wut immer in mir durch irgendetwas Konkretes erzeugt bzw. hervorgerufen, es ist nicht einfach nur „da". Nachdem Ich sie in einer langdauernden Primärtherapie erfolgreich habe abbauen und auflösen können: ihre Ursachen waren Verletzungen gewesen, die mir in meiner Kindheit zugefügt worden waren.

So kann Ich Wutimpulse immer wieder verorten und fühlen, dass sie aus unserem engen, viel zu engen Zusammenleben hier auf diesem Planeten rühren, dass Ich wohl die Fähigkeit besitze, wütend und auf diese Art durchaus auch kriegerisch zu werden, doch dass das etwas vollkommen anderes ist, als wenn gesagt wird, wir, die Menschen, und damit auch Ich und Du/Sie seien kriegerisch.

Bei den „Linken" ist tendenziell Reich = Böse und Arm = Gut. Bei den „Rechten" ist es genau umgekehrt.

Kulturelle und historische Aspekte (Schwerpunkt)

Zivilisationsbegriff

Überhaupt ist der ganze Zivilisationsbegriff im Englischen für die Katz, da er nicht beschreibend, sondern wertend ist. Er beschreibt nicht allein das, was uns von anderen Arten, auch den uns nahestehendsten unterscheidet, sondern er macht einen Schnitt mittendrin in unserer Zivilisationsentwicklung und greift da wertend ein. Kulturen mit Schrift sind ‚zivilisiert', solche ohne ‚un'-zivilisiert, was den alten Begriffen ‚gesittet' und ‚barbarisch' bzw. ‚wild' entspricht. Dadurch versucht sich der post-moderne anglophone Mensch abzusondern von dem, was er mal war – und in seinem Kern noch immer ist. Er versucht sich, als „besser" hinzustellen und drückt damit seine tiefe Unsicherheit aus, die sich die Fassade von Arroganz gibt. Er drückt v.a. seine eigene Schizophrenie damit aus.

Es wäre dies vergleichbar einem Schnitt, der Kulturen in solche mit und solche ohne Computer teilt. Und dabei „übersieht", dass Computer gesamtgesellschaftlich betrachtet v.a. ein Konkurrenz-, Arbeits- und Machtinstrument sind, was sie natürlich auch innerhalb der jeweiligen Gesellschaft und nicht nur zwischen verschiedenen Gesellschaften sind.

Es gehört zum Typischen auch des zivilisierten Menschen, dass er natürlich nur seine eigene Kulturstufe gut kennt, alle anderen aber im Wesentlichen nur vom Hörensagen, aus zweiter Hand sozusagen, oberflächlich und nur in sehr, sehr wenigen Fällen gut und intensiv. Da, wo jemand für gewöhnlich lange und ausgiebig gereist

ist, sich an verschiedenen Orten niedergelassen und sich dort auf das Leben einge-
lassen hat. Und diese Fälle verlieren oft den Anschluss an ihre eigene Kultur, oder
fassen in der anderen kaum Fuß. Und das gilt genauso und in einem gewissen Sinne
noch mehr für Gesellschaftsstufen, die vergangen sind, und die es nur noch in Sagen, Vorstellungen bzw. als „Geschichte"[150] gibt.

Daran liegt es auch, dass es so viele Vorurteile gegenüber vergangenen Kulturstu-
fen gibt. Denn auch da, wo sie uns in allerdings etwas anderen, aber noch lebenden
Gestalten begegnen, sind sie oft verfremdet oder bereits im Absterben. Oder sie
sterben schnell ab, indem sie sich an die andere, ihr begegnende und sie, weil stärker, oft unterdrückende, anpassen.

Dadurch erklärt sich auch das Unverständnis für alte Kulturen. Und generell
auch das Hinuntergucken auf sog. ‚primitivere' Kulturen. Denn sie sind nun mal
schwächer, schon weil sie weniger Mitglieder haben. Womit sie weniger ausrichten
können, sei es im kriegerischen, oder aber in zivilen Arbeitsanstrengungen. Die
Menschen wissen generell weniger, sind ‚naiver', obwohl häufig herzlicher. Aber sie
sind leichter zu täuschen und auszubeuten, wenn sie sich denn ausbeuten lassen.

Oft sind sie auch im Zerfall beobachtet worden, und aus deren Zerfall hat mensch
dann seine Spekulationen über die eigene, denen ähnliche, aber schon vergangene
Kulturstufe angestellt.

Sie schneiden damit schlechter ab, schon weil sie schwächer sind. Und deren oft
größere Natürlichkeit, Unkompliziertheit, Spontaneität, Freundlichkeit, Schönheit
zählen für viele Beobachter nicht, wenn sie Machtaspekte vergleichen, weil sie dann
nur das „Materielle" und Harte sehen. Das gilt dann nur als ‚naiv', weil der Betrachter selber von Macht bzw. Machtdenken bestimmt ist. Oder sie erfahren auch die
geringere Triebunterdrückung in jenen als schmerzhaft, da es sie an die eigene Triebunterdrückung als eine Mischung aus Freude und Schmerz, die keineswegs bewusst ist und die oft „daheim" bejubelt, gefeiert, und bejaht wird, erinnert. Oder sie

---

[150] „Geschichte ist die Lüge, auf die man sich geeinigt hat". („History is the lie commonly agreed
upon.") angeblich von Voltaire. (and often the lie is one of omission, wie es ein Kommentator im Internet schrieb.)

vermissen in jener Kultur etwas, das sie von Haus aus gewöhnt sind, und können es von daher einfach nicht wertschätzen. Deswegen können sie schon Unkompliziertes gar nicht gut heißen, obwohl es viele doch heimlich tun. Aber es offen zuzugeben, ist dann noch mal eine ganz andere Sache.

Vergleich eurasische und uramerikanische Gesellschaften

„Zusätzlich zu ihren Krankheitserregern und ihrer Technologie unterschieden sich die eurasischen Gesellschaften und die der Uramerikaner in ihrer politischen Organisation. Im späten Mittelalter oder während der Renaissance war Eurasien unter die Herrschaft von organisierten Staaten gelangt. Etliche davon, die Habsburger, die Ottomanen und die chinesischen Staaten, der Mogulstaat Indiens und der Mongolische Staat auf seiner Höhe im 13. Jahrhundert, waren große vielsprachige Verschmelzungen, die durch die Eroberung von anderen Staaten gebildet worden waren. Aus diesem Grund werden sie im allgemeinen Imperien genannt. Viele eurasische Staaten und Imperien hatten offizielle Religionen, die zum Staatszusammenhalt beitrugen, und die angerufen wurden, um die politische Führung zu legitimieren und um Kriege gegen andere Völker gutzuheißen. Stammes- und Kleinstammgesellschaften in Eurasien waren weitestgehend begrenzt auf die arktischen Rentierhirten, die sibirischen Jäger-Sammler und die Jäger-Sammler -Enklaven auf dem indischen Subkontinent und im tropischen Südostasien."[151]

„Die Amerikas hatten zwei Imperien, die der Azteken und der Inkas, welche ihren eurasischen Gegenstücken in Größe, Bevölkerung, Vielsprachigkeit, offizieller Religion und den Ursprung in der Eroberung von kleineren Staaten ähnelten. In den Amerikas waren diese die einzigen zwei politischen Einheiten, die zur Mobilisierung von Ressourcen für öffentliche Arbeiten oder zum Krieg auf dem Niveau vieler eurasischer Staaten fähig waren, wohingegen sieben europäische Staaten (Spanien, Portugal, England, Frankreich, Holland, Schweden und Dänemark) die Ressourcen hatten, um amerikanische Kolonien zwischen 1492 und 1666 zu erwerben[152]. Die Amerikas hatten auch viele Häuptlingstümer (von denen einige wirklich

---

[151] Jared Diamond; Guns, Germs and Steel; Vintage, Random House, London, 1998, S. 359 f.

[152] Was ein rechter Euphemismus für Eroberung, Ausbeutung und Unterdrückung ist.

kleine Staaten waren) im tropischen Südamerika, in Mesoamerika jenseits des azte-kischen Herrschaftsbereichs und im Südosten der USA. Der Rest der Amerikas war nur auf dem Stammes- oder Kleinstammniveau organisiert."[153]

„Der letzte unmittelbare Faktor, den es zu diskutieren gilt, ist das Schreiben bzw. die Schrift. Die meisten eurasischen Staaten hatten des Lesens und Schreibens fähi-ge Bürokratien, und in einigen war ein bedeutender Teil der Bevölkerung neben den Bürokraten auch des Lesens und Schreibens kundig. Schreiben gab den euro-päischen Gesellschaften Macht, indem es politische Verwaltung und wirtschaftli-chen Austausch ermöglichte, indem es Entdeckung und Eroberung motivierte und indem es eine Fülle an Informationen und menschlichen Erfahrungen auch in ent-legene und der Zeit entrückte Gegenden verbreitete. Im Gegensatz dazu war die Be-nutzung von Schrift in den Amerikas auf die Elite in einem kleinen Gebiet Meso-amerikas begrenzt. Das Inkareich benutzte ein Rechensystem und Gedächtnisvor-richtungen, die auf Knoten, genannt Quipu, basierten, aber es kam dem Schreiben als ein Instrument zur Übermittlung von detaillierter Information nicht einmal nahe."[154]

Die Ironie der menschlichen Evolution in dem letzten, dem zivilisatorischen Sta-dium ist, dass, je dichter bevölkert und dementsprechend organisierter eine Grup-pe/Nation (gewesen) ist, desto entfremdeter, entmenschlichter, desto mehr „fucked up" sind auch deren Mitglieder. Einerseits. Andererseits ermöglicht und zwingt sie ihre eigene hohe Bevölkerungsdichte, vor allem wenn sie weit über die Autarkie-grenze hinausgeschossen sind – doch auch schon weit unterhalb der eigentlichen Autarkiegrenze[155] – andere zu erobern und zu unterdrücken und auszusaugen, da-

---

[153] Jared Diamond; Guns, Germs and Steel; Vintage, Random House, London, 1998, S. 359 f.

[154] Jared Diamond; Guns, Germs and Steel; Vintage, Random House, London, 1998, S. 359 f. (mne-monic = Gedächtniskunst).

[155] Autarkie im Subjektiven hat eine weite Bandbreite. So bedeutet schon in Sammler-Jägergesellschaf-ten das Vorhandensein von einer relativen, regional und klimatisch bedingten Nahrungsenge, dass Menschen eines solchen Stammes losziehen, um von anderen Stämmen sich etwas zu holen. Beispiel sind die Indigenen Stämme des Nordwestens der heutigen USA und Kanadas (nördlich vom heutigen Vancouver), die im Herbst häufig loszogen, um die etwas weiter südlich lebenden Stämme, die Beeren als Wintervorrat trockneten, zu überfallen und sich deren Beerenvorräte zu erobern.

mit sie selber überhaupt leben können. Womit sie sich Extra-Energie für ein höheres Komfortniveau[156] heranziehen, das wiederum neue Blüten im Zusammenleben dieser Gruppen hervorbringt. Die westlichen Nationen haben in den letzten 500 Jahren und v.a. im letzten Jahrhundert zur Genüge gezeigt, dass sie damit sogar ein relativ hohes Komfortniveau erreichen können. Ebenso: Rom Ägypten, Azteken, Inka, Mayas, Chinesen. Das gleiche gilt aber auch für das Römische Reich, das Altägyptische, das Reich der Inkas, der Azteken und viele andere mehr.

Und psychologisch betrachtet funktioniert es einfach derart, dass ein-e jede-r versucht, einem härteren, unangenehmeren, und erniedrigenderen Leben auszuweichen und stattdessen ein weicheres, angenehmeres Leben mit höherem sozialem Status und Einkommen anstrebt.

Rolle der Kunst

Kunst ist nur der Versuch, das Notwendige nicht allzu hässlich erscheinen zu lassen, es zu verschönern, der verlorenen – auch der inneren! – Schönheit der wilden Um- und Innenwelt nachzuahmen, ihr nahe zu kommen, ohne sie jemals erreichen zu können.

Die besten Künstler sind jene, die es möglichst nahe schaffen, die Illusion von Schönheit und Harmonie zu erzeugen.

Kulturgüter behaftet von Barbarei

„Die Natur dieser Traurigkeit wird deutlicher, wenn man die Frage aufwirft, in wen sich denn der Geschichtsschreiber des Historismus eigentlich einfühlt. Die Antwort lautet unweigerlich: in den Sieger. Die jeweils Herrschenden sind aber die Erben aller, die je gesiegt haben. Die Einfühlung in den Sieger kommt demnach den jeweils Herrschenden allemal zugute. Damit ist dem historischen Materialisten genug gesagt. Wer immer bis zu diesem Tage den Sieg davontrug, der marschiert mit in dem Triumphzug, der die heute Herrschenden über die dahinführt, die heute am Boden liegen. Die Beute wird, wie das immer so üblich war, im Triumphzug mitgeführt.

---

[156] Anm. d. Hrsg.: Lebensstandard

Man bezeichnet sie als die Kulturgüter. Sie werden im historischen Materialisten mit einem distanzierten Betrachter zu rechnen haben. Denn was er an Kulturgütern überblickt, das ist ihm samt und sonders von einer Abkunft, die er nicht ohne Grauen bedenken kann. Es dankt sein Dasein nicht nur der Mühe der großen Genien, die es geschaffen haben, sondern auch der namenlosen Fron ihrer Zeitgenossen. Es ist niemals ein Dokument der Kultur, ohne zugleich ein solches der Barbarei zu sein. Und wie es selbst nicht frei ist von Barbarei, so ist es auch der Prozeß der Überlieferung nicht, in der es von dem einen an den andern gefallen ist. Der historische Materialist rückt daher nach Maßgabe des Möglichen von ihr ab. Er betrachtet es als seine Aufgabe, die Geschichte gegen den Strich zu bürsten.“[157]

Zum Essen und Trinken

Es ist auch hier eigentlich nur zu beachten, das eine-r offen sein soll für die Erfahrung des Essens, dass SiEr es als Nahrungssache sieht und nicht in erster Linie als Genusssache, als Sache zur Lebenserhaltung und nicht in erster Linie als Vergnügen, wobei es natürlich dabei auch vergnüglich zugehen und angenehm schmecken soll und nicht einfach nur langweilig, obwohl das Einfache oft auch nicht langweilig, sondern durchaus sehr geschmackvoll sein kann.

Probieren, vom ersten Nasen- und Augenkontakt, übers Schmecken, Kauen, Schlucken, die Gefühle in der Speiseröhre, dann wie es sich im Magen, danach im Dünn- und später im Dickdarm anfühlt und wie es sich beim Verlassen des Verdauungstraktes im Anus anfühlt, ob es da ein sehr erleichterndes Gefühl hinterlässt von der Art: na endlich, bin Ich dich los, oder ob es ein ganz ruhiger, normaler Abgang und ein sich Verabschieden ist, und wie es danach aussieht und riecht. Alle Stationen sollen bewusst durchlaufen werden, sie sollen gefühlt werden und sich gut anfühlen, und nicht nur von den Sinnen vor und während der Nahrungsaufnahme, wie das Aussehen, der Geruch und der Geschmack, sondern von allen Gefühlen, die wir Menschen in Sachen Nahrungsaufnahme, -verdauung und -abgabe haben.

---

[157] Walter Benjamin, Sprache und Geschichte, Philosophische Essays, Reclam Stuttgart, 1992, S. 145.

Dann wird am Ende ein gutes Urteil stehen, denn das Gegessene und Getrunkene wird nach seiner gefühlten Nahrhaftigkeit, nach seinem Gefühl von Völle oder Leichtigkeit, nach seinem Geruch, Geschmack, seiner Leichtigkeit in unseren Verdauungsorganen, danach, ob es gemeinsam mit anderem Gegessenen Blähungen oder Säure/Sauerkeit erzeugt, wie schwer oder leicht es einen verlässt, ob es angenehm riecht oder stinkt, usw. usf. und wie es einem im Großen und Ganzen gefällt, beurteilt. Da wird sich schnell das Fleisch aussondern, da es schwer in den Gedärmen liegt, und erst sehr viel später als Vegetales die Eingeweide dann stinkend verlässt; Käsen und anderen Milchprodukten wird es ähnlich ergehen, da v.a. ein harter Käse wie ein Propfen in einem sitzt und einen nur unter Schwierigkeiten verlässt.

Zum Vergleich „primitiver" Stämme mit armen Slumbewohnern

[Anm. d. Hrsg.: Ona setzt sich im Folgenden mit einer Aussage auseinander, die er in einem Internet-Kommentar zum Thema „unberührte Stämme" fand. Dort hieß es: „...Ich wäre lieber ein ‚primitiver' Stammesangehöriger im tiefsten Amazonas als einer von Milliarden Slumbewohnern, die es auf der Welt gibt. ..."[158] Übers. v. Hrsg.]

Der Vergleich aktueller „primitiver" Stämme bzw. „primitiv" lebender Menschen mit den Menschen in den westlichen Metropolen ist bizarr. Zum einen haben wir es mit den letzten Überresten einer alten Kulturstufe zu tun, die sich nur noch in ganz wenigen, weil klimatisch ungünstigen Gegenden der Welt, wie in Neu Guinea und dem Amazonasbecken, halten kann. Und auch dort leben diese Menschen keineswegs ungestört von der Außenwelt, sondern allein die Tatsache, dass es sich um die letzten Momente dieser Kulturart handelt, zeigt, dass sie unter Bedrohung und Angriff steht, dass andere Kulturen, die mehr Mitglieder haben, stärkere Militärkraft besitzen und langsam in die Gebiete dieser letzten Sammler und Jäger vor-

---

[158] „(...) But I'd rather be a 'primitive' tribesman in deepest Amazonia than one of the world's couple of billion third world slum dwellers. (...)"
(http://matthewyglesias.theatlantic.com/archives/2008/05/uncontacted_tribe.php) Jasper 31.05.2008, 15:23 Uhr

dringen und damit natürlich mitverantwortlich sind für diese relativ aggressiv erscheinenden letzten Sammler und Jäger.

Auf der anderen Seite die modernen Städte der westlichen Mächte, die über die letzten fünf Jahrhunderte hinweg verantwortlich gewesen sind für das Elend in der heute so genannten Dritten Welt, wohin sie Sklaverei, Ausbeutung, Mord, Tod, Plagen etc. brachten, mit dem Ziel sich selbst zu bereichern und das Leben zumindest für ihre eigene Ober- und Mittelschicht angenehmer zu gestalten. Wovon natürlich auch Krümel für die Unterschicht abfielen. Keine Frage. Der Vergleich hinkt gewaltig, und der Hinweis, dass das Leben dieser letzten Sammler und Jäger in den Augen der Armen der sog. Dritten Welt durchaus beneidenswert sein könnte, spricht Bände für sich.

Reisen

Reisen ist die beste Art des Erfahrens, neben dem, dass es auch der Völkerverständigung dient. Völkerverständigung und Völker – und damit auch sich selber – verstehen. Nun ist nicht jeder ein Marco Polo, der auch nur dafür berühmt geworden ist, dass er Kontakt zum chinesischen Kaiserreich herstellte, nicht aber dafür, was er sonst noch so erlebt und erkannt hatte. Da machen sich die Sinne auf, neue Tabus begegnen einem und altbekannte werden kleiner oder verschwinden ganz. Wer da nicht aufgibt, sondern sich öffnet und selbst die damit einhergehende Einsamkeit aushalten und vielleicht sogar als Wohltat empfinden kann, der wird mit reichlicher geistig-emotionaler Erkenntnis gesegnet, da sich ihm Türen und Tore zum – auch dem eigenen – Verstehen öffnen, die ihm auch das Lesen aller geschriebenen Bücher nicht eröffnen würde. SiEr lernt sich selber kennen und erkennen, durch und mit den anderen, denen SiEr begegnet.

Politische und philosophische Aspekte (Schwerpunkt)

Bewußtseinserhöhung und -erweiterung

Habe Ich ein Ziel beim Schreiben dieser Zeilen vor Augen? Ja, ist meine klare Antwort. Ich habe ein Ziel und das heißt Bewusstseinserhöhung und -erweiterung. Und dadurch eine Veränderung unseres Zusammenlebens und unserer Umwelt, auf dass unser Leben hier auf Erden glücklicher und zufriedener werde. Doch eindeutig ohne alle Drogen. Einfach durch Verstehen, Analyse, Ergründen…

In diesem Fall will Ich, dass der Leser den Zusammenhang zwischen Bevölkerungsentwicklung und Kultur- bzw. Zivilisationsentwicklung erkennt und versteht. Dass es nicht egal ist, wie noch immer von sehr vielen Menschen geglaubt, ob wir auf diesem blauen Ball nun mehr Menschen werden oder nicht. Dass es einen Unterschied, nein: viele Unterschiede macht, ob wir in unserer Zahl gleich bleiben, oder mehr oder gar weniger werden. Dass jedes einzelnen Menschen Lebensqualität davon abhängt, weil mit dem mehr oder weniger an Menschen auch ein mehr oder weniger an Ängsten und Enge unweigerlich verbunden ist.

Sicherlich, es wäre angenehm, falls die Erdbevölkerung statt um 80 Millionen Menschen jährlich zuzunehmen, um die gleiche Anzahl, 80 Millionen, abnähme. Der Ressourcendruck würde peu à peu geringer, die Menschen beruhigten sich peu à peu (aber auch nur sehr wenig, denn damit wir uns wirklich als Menschheit beruhigten, müssten viele Jahre an Bevölkerungsabnahme vergehen), es würden weniger Gesetze für ein friedliches Zusammenleben benötigt, ebenso weniger künstliche Ordnungsanstrengungen, die Ökologie entspannte sich, das Wildleben nähme zu, und damit unsere Freiheit, oder jedenfalls das, was wir darunter verstehen[159].

---

[159] Letztendlich sind und bleiben wir doch eine ökologisch-ökonomische Funktion.

Die Menschen machen ihre Geschichte selbst....

„Es ist also nicht, wie man hier und da bequemerweise vorstellen will, eine automatische Wirkung der ökonomischen Lage, sondern die Menschen machen ihre Geschichte selbst, aber in einem gegebenen, sie bedingenden Milieu, auf Grundlage tatsächlicher Verhältnisse, unter denen die ökonomischen, so sehr sie auch von den übrigen politischen und ideologischen beeinflusst werden mögen, doch in letzter Instanz die entscheidenden sind und den durchgehenden, allein zum Verständnis führenden roten Faden bilden.“[160]

Freiheit

Nahezu alle Freiheit haben wir der Freiheit der Vermehrung, der Göttin unserer Fruchtbarkeit, geopfert. Wir sind diszipliniert geworden, machen Geld, um uns all das – und noch ein bisschen mehr –, was es einmal umsonst gab, in hässlichen Supermarkthallen für teures Geld einzukaufen. Wir sind ständig auf der Wacht, voll Ängste um Eigentum und Leben, neurotisiert bis zum Anschlag, verunsichert und voller Minderwertigkeitskomplexe.

Räumlich beschränkte Sichtweise

Unser bisheriges Weltbild ist aus unserer beschränkten räumlichen Wahrnehmung entstanden, die in nahezu jedem Fall von Ängsten vor anderen besetzt war – und ist. Daher war aus der Sicht unserer Vorfahren das Wachstum des jeweiligen Stammes bzw. der Nation, Gruppe wichtig und somit als Verursacher für Schlechtes schlicht und einfach Tabu.

Doch da wir uns als Menschheit aus dieser räumlich beschränkten Sichtweise bis an den Rand des Menschheitsgrabs vorbewegt haben, ist es Zeit, die Fehler jenes Denkens zu erkennen und auszumerzen und eine neue zeitgemäße Denkweise zu entwickeln.

---

[160] Friedrich Engels, Brief an Starkenburg, 25.1.1894, in Marx/Engels Briefe über das Kapital, Stuttgart 1953, S. 366.

Theorie und Praxis der Problemlösung

Theoretisch betrachtet ist die Lösung der meisten unserer Probleme leicht: wir müssen uns zahlenmäßig nur vermindern und uns an unsere ökologischen Gegebenheiten anpassen – und schon werden viele unserer Probleme verschwinden, weil mit dem Geringerwerden Entspannung Hand in Hand geht.

Theoretisch, wohl gemerkt. Denn praktisch stehen dem viele Schwierigkeiten im Weg, die zum großen Teil aus überlieferten, tradierten Denkmustern und -strukturen resultieren. Zum einen der enge Horizont vieler Menschen und auch vieler ihrer politischen und geistigen Führer, die in national(istisch)en Kategorien denken und da in erster Linie in Macht-Kategorien, aus deren Erfüllung sie sich das Wohl *ihrer* Leute erhoffen. Zum anderen bestimmen Traditionen, die sich auf diesen früheren Stammes- und heutigen Nationalitätsstandpunkt gründen, das Denken der meisten. Und an deren Wurzel ist Angst, Angst vor den anderen, den Unbekannten und Fremden.

Hier hilft nur: die anderen, die Nachbarn kennen- und schätzen lernen, so wie mensch ja auch die Nachbarn in seinem eigenen Land mehr oder weniger kennt und schätzt, in jedem Fall aber doch – zumindest überwiegend – friedlich mit ihnen zusammenlebt. Abmachungen/Verträge, die beiderseitigen Interessen dienen, können sehr hilfreich sein. Verhandeln, sich vorsichtig öffnen, die anderen kennen- und verstehen lernen und gemeinsam die Umwelt und sich selbst darin begreifen lernen.

Politiker

Es herrscht die Meinung vor, dass Politiker „schlecht", „korrupt" etc. sind, dass ihnen nicht getraut werden kann… Dass sie so sein müssen. Doch warum? Politiker sind Menschen so wie du und Ich. Verantwortlich ist eher die Lethargie der meisten Menschen, die sich nur sehr wenig um die politischen Belange kümmern und die deswegen auch die Politiker nicht kontrollieren. Das ist in etwa so, als wenn ich eine Firma habe und weder meine Arbeiter noch Angestellten kontrolliere. Das heißt auch, dass Leute glauben, dass Politik von Politikern gemacht wird. Was sicherlich stimmt, aber nicht nur. Denn Politik findet auf vielen anderen Ebenen ebenso statt.

Jeder macht Politik, durch seine Äußerungen, in Gesprächen mit anderen, durch Grassrootaktivitäten, in Bürgerinitiativen und durch das eigene Fortpflanzungsverhalten.

In modernen Zeiten in den meisten industrialisierten Ländern wird Fortpflanzungsverhalten als unpolitisch gesehen, obwohl es z. B. Forderungen gibt, obwohl Kitas und Schulen staatlich finanziert und gefördert werden, etc. Und obwohl uns die starke Fortpflanzung unserer Vorfahren dahin gebracht hat, dass wir heute so viele sind und von industriellen Exporten abhängen und dadurch hochgradig diszipliniert und durchorganisiert leben müssen. Doch traditionell ist Fortpflanzung durchaus als politisch verstanden worden, denn je mehr wir sind, desto stärker sind wir etc., obwohl dadurch auch mehr Enge entsteht.

Geschichte und Fortschritt

„Es gibt ein Bild von Klee, das Angelus Novus heißt. Ein Engel ist darauf dargestellt, der aussieht, als wäre er im Begriff, sich von etwas zu entfernen, worauf er starrt. Seine Augen sind aufgerissen, sein Mund steht offen und seine Flügel sind ausgespannt. Der Engel der Geschichte muss so aussehen. Er hat das Antlitz der Vergangenheit zugewendet. Wo eine Kette von Begebenheiten vor *uns* erscheint, da sieht *er* eine einzige Katastrophe, die unablässig Trümmer auf Trümmer häuft und sie ihm vor die Füße schleudert. Er möchte wohl verweilen, die Toten wecken und das Zerschlagene zusammenfügen. Aber ein Sturm weht vom Paradiese her, der sich in seinen Flügeln verfangen hat und so stark ist, dass der Engel sie nicht mehr schließen kann. Dieser Sturm treibt ihn unaufhaltsam in die Zukunft, der er den Rücken kehrt, während der Trümmerhaufen vor ihm zum Himmel wächst. Das, was wir den Fortschritt nennen, ist *dieser* Sturm."[161]

Geschichtliche Zeiträume (insb. Zivilisation)

„Die kümmerlichen fünf Jahrzehntausende des homo sapiens", sagt ein neuerer Biologe, „stellen im Verhältnis zur Geschichte des organischen Lebens auf der Erde

---

[161] Walter Benjamin, Sprache und Geschichte, Philosophische Essays, Reclam Stuttgart, 1992, S. 146. Kursives im Original kursiv.

etwas wie zwei Sekunden am Schluß eines Tages von vierundzwanzig Stunden dar. Die Geschichte der zivilisierten Menschheit vollends würde, in diesen Maßstab eingetragen, ein Fünftel der letzten Sekunde der letzten Stunde füllen."[162]

Leben ganzheitlich betrachten

Wir müssen endlich damit beginnen, unser Leben ganzheitlich, holistisch zu betrachten. Indem wir erst einmal aufhören, uns ständig herauszunehmen, nach dem Motto: das war nicht Ich, das war ein anderer. Denn es geht beim Leben und seinem Verstehen nicht um Schuld, es geht um Ursachen und Wirkungen, darum, warum was passiert ist, bis ins anzustrebenderweise letzte Glied, und nicht in erster Linie darum, wer Schuld hat. Da mag es letztendlich dann auch vordergründig Schuldige geben, Leute, die eine Glasscheibe oder anderes zerbrochen haben. Was natürlich wichtig ist für Schadensersatzforderungen etc. Sicherlich, die gibt es auch und die sind für das tägliche Zusammenleben wichtig.

Doch geht es häufig beim Verstehen gar nicht darum, sondern um das tiefere Verständnis, darum, warum etwas so gekommen ist, wie es gekommen ist, und da ist auch sehr häufig der psychologische Sachverhalt so gelagert, dass es verdammt schwer wird, jemandem Schuld zu geben. Nämlich dann, wenn mensch erkennt, dass jemand als Erwachsener nur das wiederholt (im Sinne des Freud'schen Wiederholungszwanges), was ihm als Kind widerfahren ist, und da wird es mit der Schuldfrage dann schon ganz schön schwierig. Denn, legal betrachtet, die Schuld einem Minderjährigen, der gesetzlich noch nicht schuldfähig ist, zu geben für das, was eben dieses Kind als Erwachsener aus ihr/ihm selber unbewussten Kräften heraus anstellt, da ist das moralische Urteilen verflixt schwer, und bei unbewussten Kräften muss letztendlich immer das Mitgefühl (und in diesem Sinne das Mit-Leid) mit dem Kind siegen.

Und erst wenn wir das machen, und uns die Welt wirklich drei- und vierdimensional, nämlich unter Einbeziehung des historischen oder Zeit-Faktors vergegenwärtigen, dann kommen wir dahin, mehr von der Komplexität des Ganzen, Gesam-

---

[162] Walter Benjamin, Sprache und Geschichte, Philosophische Essays, Reclam Stuttgart, 1992, S.152f.

ten, des Universums oder Alls, das uns beherbergt und dessen integraler Bestandteil wir sind, zu verstehen. Und das ist dann wie ein geistiger Trip oder Orgasmus, wie das Vorstoßen in eine neue Dimension, wo es letztendlich gar keine Schuld mehr gibt, sondern nur noch ewig lange Ketten von Ursachen und Wirkungen von letztendlich der in ihrer Wesenheit immer gleichen oder gar selbigen Energie bzw. Materie, in die wir selbst als Bewirkte und als Wirkende verschlungen sind, denen wir einschließlich unseres so hochgerühmten Freien Willens hilflos ausgeliefert sind und innerhalb derer es total schwierig ist, bei sich selbst zu sein und zugleich bei vollem Bewusstsein.

Andererseits ermöglicht uns aber auch erst dieses Vorstoßen in diese neue Dimension des Verstehens ein anderes Verhalten, in dem wir uns, wenn auch nicht vollkommen frei, so doch freier als in allen vorhergehenden Dimensionen fühlen können, weil wir eben mehr verstanden haben und damit freier, also unabhängiger von unbewussten Zwängen unsere Überlegungen anstellen und darauf fußend unsere Entscheidungen fällen können.[163]

Religionsphilosophie

Eine Religionsphilosophie kann uns helfen. Und es ist auch natürlich, dass es weder eine Religion bzw. Kultur schaffen wird, im Innern wie im Außen die natürlichen Bedingungen von Sammler- und Jägergruppen wiederherzustellen. Noch wird es möglich sein, unten den gegebenen weltklimatischen Bedingungen die Anzahl der Menschen freiwillig auf eine dementsprechende kleine Zahl von Menschen zurückgehen zu lassen. Obwohl das aus vielerlei Erwägungen heraus durchaus wünschenswert wäre.

---

[163] Hier hilft uns Georg W. F. Hegels Satz „Freiheit ist Einsicht in die Notwendigkeit" weiter. Dieser Ausspruch findet sich in Friedrich Engels' Schrift *Herrn Eugen Dührings Umwälzung der Wissenschaft*, dem so genannten ‚Anti-Dühring'. „Hegel war der erste, der das Verhältnis von Freiheit und Notwendigkeit richtig darstellte. Für ihn ist die Freiheit die Einsicht in die Notwendigkeit. ‚Blind ist die Notwendigkeit nur, insofern dieselbe nicht begriffen wird.' Nicht in der geträumten Unabhängigkeit von den Naturgesetzen liegt die Freiheit, sondern in der Erkenntnis dieser Gesetze, und in der damit gegebenen Möglichkeit, sie planmäßig zu bestimmten Zwecken wirken zu lassen."

Da wir nun wohl kaum – und Ich sage das durchaus mit einem tiefen Bedauern – in der Lage sein werden, unsere Anzahl weltweit wesentlich zurückzuschrauben und schon froh werden sein können, wenn es gelingen sollte, in den absolut überbevölkerten Gegenden der Welt, zu denen traditionell Mittel- und Westeuropa sowie Japan, aber mittlerweile auch die neuen, total überbevölkerten Gegenden Chinas, Indiens und Indonesiens gehören, das Bevölkerungswachstum zu stoppen und eine friedliche Abnahme auf die ungefähre Autarkiegrenze zu erreichen, werden wir versuchen müssen, auf Dauer mit der Riesenmasse Mensch auszukommen.

Dass dies per se nicht leicht fallen wird, ist klar. Das Erleben des täglichen Zusammenlebens mit all seinen Unwirtlichkeiten, Konflikten und Katastrophen bestätigt das. Doch kann uns durchaus eine neue, wirklichkeitstreuere Religionsphilosophie, d.h. eine Verbindung aus Gewusstem und Geahntem, weiterhelfen und uns in die Lage versetzen, mit den Problemen unseres Alltags leichter klarzukommen und damit einen höheren Grad an Zufriedenheit zu erreichen.

Beim Diskutieren der Zukunft: Möglichkeit des weltweiten Rückgangs der Bevölkerung nicht wirklich möglich, da nicht anzunehmen ist, dass alle Menschen sich der dargestellten Art von Vernunft öffnen werden. Und es reicht eine relativ kleine Gruppe an Menschen, die sich dieser Einsicht widersetzen und damit praktisch, durch erhöhte Fortpflanzung den Gewinn des Verhaltens von vernünftigeren Artmitgliedern wieder zunichte machen können. Obwohl es da theoretisch auch möglich wäre, diese Menschen auf kleinem Raum zu begrenzen und ihnen ansonsten ihre sozialökologischen Grenzen zu zeigen.

Gedanken zu Wilhelm Reichs „Orgongesetz"

Und Ich frage mich erneut – derweil Ich in W. Reich's American Odyssey lese – ob das auch ein Ausdruck des von ihm beschriebenen Orgongesetzes ist, demnach stärkere orgonotische Systeme schwächere anzuziehen pflegen (was zumindest auf der geistigen Ebene der Fall ist, wenn mensch bedenkt, dass die Menschen der so genannten Dritten Welt die so genannte Erste Welt bewundern und ihr nacheifern und viele der dortigen Bewohner nichts lieber täten, als selber in der sog. Ersten Welt zu leben. Und die Führer der Kolonien – einmal gefügig gemacht und selbst nach den Werten des Imperiums (und oft in den Metropolen selbst![164]) erzogen – tun alles in ihren Kräften stehende, um den Wertefluss von der Peripherie ins Zentrum des Imperiums zu gewährleisten, weil sie darin ihre Aufgabe sehen und dafür belohnt werden. Sie erkaufen sich dadurch selber einen eher hohen materiellen Lebensstandard, leben aber zugleich auch häufig in Furcht vor den Armen ihrer Länder. Rebellen hingegen werden bestraft.

Politische und ökonomische Aspekte (Schwerpunkt)

Arbeit

„Das Gothaer Programm trägt bereits Spuren dieser Verwirrung an sich. Es definiert die Arbeit als „die Quelle alles Reichtums und aller Kultur". Böses ahnend, entgegnete Marx darauf, dass der Mensch, der kein anderes Eigentum besitze als seine Arbeitskraft, „der Sklave der andern Menschen sein muss, die sich zu Eigentümern….gemacht haben."[165]

„Dieser vulgär-marxistische Begriff von dem, was die Arbeit ist, hält sich bei der Frage nicht lange auf, wie ihr Produkt den Arbeitern selber anschlägt, solange sie nicht darüber verfügen können. Er will nur die Fortschritte der Naturbeherrschung, nicht die Rückschritte der Gesellschaft wahr haben. Er weist schon die technokratischen Züge auf, die später im Faschismus begegnen werden."[166]

---

[164] Das gilt sicherlich für große Teile der Intelligenz Lateinamerikas, Asiens und Afrikas auch und besonders heute.

[165] Walter Benjamin, Sprache und Geschichte, Philosophische Essays, Reclam Stuttgart, 1992, S.148.

[166] Walter Benjamin, Sprache und Geschichte, Philosophische Essays, Reclam Stuttgart, 1992, S.148.

„Zu dem korrumpierten Begriff von Arbeit gehört als sein Komplement *die* Natur, welche, wie Dietzgen sich ausgedrückt hat, „gratis da ist.“[167]

Multinationale Konzerne

Zu den multinationalen Konzernen und dem sie umgebenden Mythos: Es ist ein weit verbreiteter Irrtum, das heutige wirtschaftliche, politische und ökologische Geschehen, soweit es als negativ, als zerstörerisch, die Umwelt verschmutzend, ausbeuterisch, korrumpierend, insgesamt als unwürdig angesehen wird, den Führungskräften der Multis allein in die Schuhe zu schieben.. Was nicht heißt, dass sie keine derartigen, als negativ empfundenen Aktivitäten entfalteten.

Sicherlich tun sie das, teilweise jedenfalls. Doch tun auch sie das keineswegs aus freien Stücken.

Sehen wir uns das Ganze einmal genauer an, um es besser verstehen zu können.

„Multis“ (multinationale Konzerne) werden generell solche Großkonzerne genannt, die für den weltweiten Markt Produkte jedweder Art erzeugen und sie auf den verschiedensten Märkten der Welt verkaufen. Die Zahl ihrer Mitarbeiter rangiert dabei von etwa 20.000 (Valero Energy: 21.836 Mitarbeiter) bis zu nahezu 2 Millionen (der Supermarktkonzern Walmart: 1.900.000 Mitarbeiter)[168]. Sie kommandieren dabei riesige Rohstoff- und Fertigwaren und finanzielle Ströme, die sie teils selber erzeugt haben und die sie in jedem Fall aufrechterhalten. Die Masse an Mitarbeitern, die selber beschäftigt bleiben wollen und ein gutes Einkommen erzielen möchten, ist dabei alleine durch ihre Anzahl eine starke Macht, die sich in diesen Konzernen vereinigt und sie aktiv am Leben erhält. Sie können sich durch die Zahl an Mitstreitern in diesen Konzernen leicht mit Armeen der Neuzeit, des Mittelalters oder der Antike messen. Wobei sich freilich ihre Waffen zum Teil grundlegend unterscheiden, da sie überwiegend friedlich daherkommen. Diese Mitarbeiter haben weiterhin für gewöhnlich Familienangehörige zu versorgen, was die Zahl der

---

[167] Walter Benjamin, Sprache und Geschichte, Philosophische Essays, Reclam Stuttgart, 1992, S.148. Kursives im Original kursiv.

[168] http://de.wikipedia.org/wiki/Liste_der_größten_Unternehmen_der_Welt.

von einem Konzern unmittelbar Abhängigen leicht auf das Doppelte bis Dreifache der Zahl der angestellten Mitarbeiter hochschraubt. Hinzu kommen die Angestellten und Besitzer von vielerlei Zulieferbetrieben, ohne die die Multis gar nicht operieren könnten. Dazu kommen die Interessen der Geldgeber, ohne die das Ganze gar nicht funktionieren würde, der Groß- und Kleinaktionäre (die ebenfalls oft in die Tausende und Zehntausende gehen) und deren Familienangehörigen und die von diesen wiederum finanziell unmittelbar Abhängigen. Somit kommen die Menschen, die ein finanzielles Interesse am Wohlergehen z. B. des Walmartkonzerns haben, auf gut fünf Millionen Menschen.

Nun, da haben wir es: Ein Multi (-nationaler Konzern) ist ein Pulk von vielen Zehntausenden bis einigen Millionen Menschen, dessen ökologischer Niederschlag alles andere als taufrisch ist und der natürlicherweise Flurschäden, allerdings unterschiedlicher Art, je nach Branche, Firma und Produktpalette verursacht. Wobei auch Flurschäden hinzukommen, die dadurch verursacht werden, dass die jeweils nationalen und internationalen Kontrollen teilweise mehr als ungenügend sind. Dafür die Verantwortung nur der Führung dieser Konzerne in die Schuhe zu schieben, ist mehr als ungenügend (naiv und lächerlich). Das nicht zu sehen, zeugt von geistiger Blindheit bzw. Naivität und Ich weiß nicht, was Ich davon als besser bewerten soll.

Entwicklung der Städte auf Kosten des Landbevölkerung

„Chinas wirtschaftliche Entwicklung bevorzugt die Städte, geht auf Kosten der natürlichen Ressourcen und der armen ländlichen Bevölkerung."[169]

Natürlich geht die wirtschaftliche Entwicklung im Sinne der Städte voran, da sie und ihre Bewohner es sind, die die Not haben, die Essen, Kleidung, Treib- und Baustoffe brauchen, um überhaupt am Leben bleiben zu können. Und je mehr es werden, desto größer werden diese Nöte, und das umliegende Land muss leiden. Und da die Gewalt, schon allein wegen der Ansammlung von Menschen dort, in den Städten konzentriert ist, muss eben das Land und die Bevölkerung dort leiden.

---

[169] (FAZnet; 09.03.2008 China „Es muss Wasser fließen – das ist ein Befehl" von Petra Kolonko

Zum „Paradoxon" der USA, Canada, Australien, Neuseeland

Geringe Menschendichte und „dennoch" eine hohe Produktivitätsrate, Industrialisierung, moderner Staat…

Das Paradoxon beginnt sich aufzulösen, wenn mensch erkennt, dass all diese Länder einen sehr hohen Urbanisierungsgrad von 80 Prozent oder mehr haben, wie er für die anderen hochindustrialisierten Länder typisch ist. Er ist Resultat einer besonderen Steuergesetzgebung, der es nur hochproduktiven Menschen ermöglicht, auf dem Land zu leben. Aus eigener Kraft weniger produktive Menschen müssen somit in Städten leben, da sie sich auf dem Lande nicht halten können.

Andere Länder Amerikas z. B., die auch von Europäern kolonisiert wurden und die deren Menschen und politische soziale Strukturen erhalten haben, haben einen geringeren Urbanisierungsgrad. Und dementsprechend auch ein niedrigeres Entwicklungsniveau. Ebenso wie ihre früheren kolonialen Mutterländer (Argentinien, Chile – Spanien, Brasilien – Portugal, etc.).

Aber all diesen Ländern mit ihren relativ geringen Bevölkerungsdichten ist gemeinsam, dass sie Exportkulturen sind, dass ihre Kulturen nicht auf dem Boden, auf dem sie sich befinden, entstanden sind, sondern woanders „erfunden" und dann mit Menschen dorthin exportiert wurden, wo sie sich allerdings zu ihrer heutigen Form weiterentwickelt haben.

Nur so lässt sich das Paradoxon erklären.

Regeln und Gesetze

Die Liste der Gesetze, Regeln und Verordnungen ist im Verlaufe der Geschichte immer länger geworden und wächst täglich weiter. In meiner Auffassung drückt sich darin nicht in erster Linie eine Verbesserung der Lebensverhältnisse aus, obwohl natürlich auch etliche Gesetze durchaus nützlich sind, wenn mensch versteht, dass sie entstandenes Unrecht oder Ungleichgewicht zu beheben versuchen; sondern was sich darin ausdrückt, ist eine Verkomplizierung der Lage durch die massive Zunahme an Bevölkerung – lokal, regional, national oder global – und dass Menschen versuchen, diese Verkomplizierungen im Zusammenleben per Gesetzen und

Verordnungen zu ändern oder wenigstens zu lindern. Wobei anzumerken ist, dass ein Unheil, das durch Übervölkerung in die Welt gebracht worden ist, sich auch durch das beste Gesetz nicht aus der Welt schaffen lässt. Jedenfalls gibt es in der Geschichte diesen Umkehrtrend nur da, wo durch Natur- oder sonstige Katastrophen die Bevölkerung dezimiert wurde und man deswegen auf bestimmte Gesetze und Verordnungen verzichten konnte.

Ich bin mir bewusst, dass es viele Vertreter der apologetischen Art gibt, die um jeden Preis den so genannten „Fortschritt" zu verteidigen trachten und die blind gegenüber dem hier Gesagten sind. Sie sind so erzogen und gewohnt, immer nur das „Positive" bzw. das, was sie als „positiv" betrachten, zu sehen und das so genannte „Negative", das ihnen ein Unwohlsein oder einen Schmerz erzeugt, zu verdrängen bzw. zu leugnen. Diesen Menschen sei gesagt, dass ja schon bei Beobachtung der aktuellen Lage und insbesondere bei Beobachtung der Situationen, unter denen neue Gesetze und Verordnungen entstehen, festzustellen ist, dass der Großteil dieser neuen Gesetze und Verordnungen aus einer tendenziellen Verschlechterung der Lage resultiert, dass mit der Verkomplizierung durch Vermehrung von Bevölkerung auch neue Formen von Verbrechen bzw. Missbrauch und neue Notwendigkeiten der Ordnung einer erweiterten Infrastruktur entstehen und mit neuen Gesetzen bzw. Verordnungen versucht wird, diesen neuen, zusätzlichen Verbrechen bzw. Missbräuchen und Notwendigkeiten entgegenzutreten und sie einzudämmen.[170]

---

[170] Es sei hier angemerkt, dass wir zum genaueren und tieferen Verstehen uns von unseren Gruppenblindheiten befreien müssen, dass wir also über die gewohnten Denkgrenzen hinaus denken müssen. Die meisten von uns sind es gewohnt, in nationalen Grenzen zu denken und in Gesprächen zu diesem Thema taucht immer wieder auf, dass Menschen sagen, dass doch in Ländern mit sinkender Bevölkerung, wie z. B. Deutschland und anderen Ländern Mitteleuropas, in denen die Bevölkerung real absinkt, trotzdem das Leben schwerer wird und auch da nahezu täglich neue Verordnungen hinzukommen.

Dem letzteren kann Ich zustimmen. Doch dem ersteren nicht. Denn Deutschland, Holland oder Belgien sind keine Inseln, sondern sind besonders aufgrund ihrer hohen Bevölkerungsdichte aufs engste mit dem Weltmarkt und somit mit den Geschehnissen in anderen Ländern und Erdteilen verknüpft. Und obwohl die Bevölkerung dort leicht sinkt, ist sie noch lange davon entfernt, diesen Ländern wieder Autarkie zurückzugeben und sie müssen weiterhin zusehen, wie sie auf dem Weltmarkt das für sie Lebensnotwendige erlangen können. Und da sie vom Import und Export von und nach diesen Ländern abhängig sind und sich in vielen anderen Ländern die Wettbewerbssituation, unter anderem

Staat

„Der Staat, so heißt es, ist das Instrument, das es der herrschenden Klasse erlaubt, ihre gewaltsame Herrschaft über die beherrschten Klassen auszuüben. Zugegeben. Damit der Staat entstehen kann, muss also zuvor eine Teilung der Gesellschaft in antagonistische soziale Klassen vorliegen, die durch Ausbeutungsbeziehungen miteinander verbunden sind. Folglich müsste die *Struktur* der Gesellschaft – die Teilung in Klassen – dem Auftauchen der *Staatsmaschine* vorausgehen. Bemerken wir nebenbei die Brüchigkeit dieser rein instrumentalen Staatsauffassung. Wenn die Gesellschaft durch Unterdrücker organisiert wird, die fähig sind, die Unterdrückten auszubeuten, so beruht diese Fähigkeit, die Entfremdung durchzusetzen, auf der Anwendung eines Zwangs, d.h. auf dem, was die Substanz des Staats selbst ausmacht, dem „Monopol der legitimen physischen Gewalt". Welcher Notwendigkeit würde dann die Existenz eines Staats entsprechen, da sein Wesen – die Gewalt – der Teilung der Gesellschaft immanent ist, da er in diesem Sinne von vornherein in der Unterdrückung gegeben ist, die eine soziale Gruppe auf die anderen ausübt? Er wäre nur das nutzlose Organ einer Funktion, die schon zuvor und anderswo erfüllt wird." Pierre Clastres; Staatsfeinde; Studien zur politischen Anthropologie; Suhrkamp, Frankfurt/Main 1976; S. 194.

---

auch durch dortiges Bevölkerungswachstum, stetig verändert, verändert sich die Lage in Deutschland, Holland und Belgien auch dauernd und das Lebensklima wird rauher und angespannter, da weltweit die Wettbewerbssituation schärfer wird, woraufhin es eben zu mehr inneren Spannungen vielfältigster Art kommt, derer dann die politischen Parteien und die Gesetzgeber versuchen, per Gesetzen und Verordnungen Herr zu werden.

Literaturliste

Benjamin, Walter
    Sprache und Geschichte, Philosophische Essays, Reclam Stuttgart 1992

(Die) Bibel

Bornemann, Ernest
    Das Patriarchat, Frankfurt/Main 1975

Calhoun, John B.
    Population Density and Social Pathology, in: Scientific American, 206 (2):
    139ff. Wiedergegeben in Hardin, Garrett: *Population, Evolution and Birth
    Control,* San Francisco 1969

Clastres, Pierre
    Staatsfeinde, Studien zur politischen Anthropologie, Suhrkamp,
    Frankfurt/Main 1976; Original: *Society Against the State (La Société contre
    l'État),* 1974, Recherches d'anthropologie politique, Paris 1974

Cohen, M. N.
    Health and the Rise of Civilization, Yale University Press, New Haven 1989

Darwin, Charles
    The Origin of Species, Stuttgart 1876

DeMeo, James
    Saharasia, Greensprings (Oregon/USA) 1998

Diamond, Jared
    Collapse. How Societies Choose to Fail or Succeed, Viking, Penguin Group,
    New York 2005

Guns, Germs and Steel, Vintage, Random House, London 1998. Deutsch: *Arm und Reich, Die Schicksale menschlicher Gemeinschaften,* Fischer, Frankfurt/Main 1998

The Third Chimpanzee, The Evolution and Future of the Human Animal, Harper Perennial, New York 2006 (Ursprünglicher Titel v. 1991:*The Rise and Fall of the Third Chimpanzee: How Our Animal Heritage Affects the Way We Live,* Harper Perennial, New York 1991)

Edgerton, Robert B.
Sick Societies (im Deutschen: *Trügerische Paradiese, Der Mythos von den glücklichen Naturvölkern)* Free Press, A Division of Macmillan, Inc., USA 1992

Engels, Friedrich
Die Entwicklung des Sozialismus von der Utopie zur Wissenschaft, zuerst in französischer Sprache erschienen: 1880, erste deutsche Ausgabe Zürich 1882 (s. a. Marx/Engels, *Gesammelte Werke,* Bd. 19, Dietz Verlag, Berlin 1974)

Der Anteil der Arbeit an der Menschwerdung des Affen, geschrieben 1876, zuerst veröffentlicht 1896 in der Zeitschrift *Die Neue Zeit* (s. a. Marx/Engels, *Gesammelte Werke,* Bd. 20, Dietz Verlag, Berlin 1974)

Elias, Norbert
Der Prozess der Zivilisation, Zwei Bände, Suhrkamp Taschenbuch, Frankfurt/Main, 1976.

Freud, Sigmund
Gesammelte Werke. Freud, Sigmund, Gesammelte Schriften. 12 Bde, Hg. v. Anna Freud, Psychoanalytischer Verlag, Leipzig 1924-1934.

Goethe, Johann Wolfgang von
Gesammelte Werke. Münchner Ausgabe in 20 Bänden, herausgegeben von Karl Richter; neueste Auflage erschienen im Carl Hanser Verlag, München 1986

Goodall, Jane

In the shadow of man. William Collins Sons & Co., London 1971
(Dt. Ausgabe: *Wilde Schimpansen, Verhaltensforschung am Gombe-Strom,*
Rowohlt, Reinbek 1991)

The Chimpanzees of Gombe. Patterns of Behaviour. Belknap Harvard University Press, Cambridge/Massachusetts 1986

Hardin, Garrett

Population, Evolution and Birth Control, San Francisco 1969

Janov, Arthur

(Janov schrieb eine Reihe von Büchern, deren deutschsprachige Ausgaben allesamt vom S. Fischer Verlag, Frankfurt/Main, herausgegeben wurden.)

Biology of Love, Prometheus Books, New York 2000 (keine dt. Ausgabe vorhanden)

The Primal Scream (1970), Dt. Ausgabe: *Der Urschrei. Ein neuer Weg der Psychotherapie,* Frankfurt/Main 1982

The New Primal Scream. Primal Therapy 20 Years on (1991), Dt. Ausgabe: *Der neue Urschrei. Fortschritte in der Primärtherapie,* Frankfurt/Main 1993

Imprints. The Lifelong Effects of the Birth Experience (1983), Dt. Ausgabe: *Frühe Prägungen,* Frankfurt/Main 1984

The Feeling Child (1973), Dt. Ausgabe: *Das befreite Kind. Grundsätze einer primärtherapeutischen Erziehung,* Frankfurt/Main 1993

Prisoners of Pain. Unlocking the Power of the Mind to End Suffering (1980), Dt. Ausgabe: *Gefangen im Schmerz. Befreiung durch seelische Kräfte,* Frankfurt/Main 1981

The Anatomy of Neurosis. The Anatomy of Mental Illness (1971), Dt. Ausgabe: *Die Anatomie der Neurose. Die wissenschaftliche Grundlegung der Urschrei-Therapie,* Frankfurt/Main 1988

Keegan, John
Die Kultur des Krieges, Rowohlt, Hamburg 1997

Keeley, Lawrence H.
War Before Civilization, Oxford 1996

Leiber, Fritz
Herrin der Dunkelheit (orig.: *Our Lady Of Darkness,* 1976), München 1980

Liedloff, Jean
The Continuum Concept, (USA 1975), Dt. Ausgabe: *Die Suche nach dem verlorenen Glück,* München 1983

Luxemburg, Rosa
Gesammelte Werke, 5 Bände, Dietz Verlag, Berlin 1970-1975.
Die Akkumulation des Kapitals – Ein Beitrag zur ökonomischen Erklärung des Imperialismus, Verlag Paul Singer, Berlin 1913

Malthus, Robert
Principles of Population, Dt. Ausgabe: *Das Bevölkerungsgesetz,* München 1977

Marx/Engels, *Gesammelte Werke,* Dietz Verlag, Berlin 1974

Miller, Alice
Am Anfang war Erziehung, Frankfurt/Main 1980

Morgan, Lewis Henry
Die Urgesellschaft, Untersuchungen über den Fortschritt der Menschheit aus der Wildheit durch die Barbarei zur Zivilisation, Wien 1987

Nehberg, Rüdiger
Die Yanomami-Indianer, Rettung für ein Volk – Meine wichtigsten Expeditionen, München 2003

Karawane der Hoffnung, München 2006

(The) Population Atlas, siehe im Internet: www.worldmapper.org

Reich, Wilhelm
>   *Charakteranalyse* (1933), erweiterte Fassung: Kiepenheuer & Witsch, Köln 1970
>
>   *Der Einbruch der Sexualmoral* (1932). Erweiterte und revidierte Fassung: *Der Einbruch der sexuellen Zwangsmoral.* Kiepenheuer & Witsch, Köln 1972
>   *Massenpsychologie des Faschismus* (1933), Erweiterte und revidierte Fassung: Kiepenheuer & Witsch, Köln 1971
>
>   *Reich speaks about Freud (*New York 1967), Dt. Ausgabe auszugsweise (Raubdruck) als *Wilhelm Reich über Sigmund Freud,* o.O./o.J. (Schloß Dätzingen 1976)
>
>   *The Discovery of the Orgone,*
>   Volume 1: *The Function of the Orgasm* (1942), *Die Funktion des Orgasmus* (völlig verschieden von dem Buch gleichen Titels 1927), Kiepenheuer & Witsch, Köln 1969
>   Volume 2: *The Biopathy of Cancer* (1948), Dt. Ausgabe: Der Krebs, Kiepenheuer & Witsch, Köln 1974

Sahlins, Marshal
>   *Evolution and Culture* (1960), University of Michigan Press, Ann Arbor 1988
>   *Stone Age Economics,* Tavistock, *London* 1974

Starhawk
>   *Truth or Dare,* HarperSanFrancisco, San Francisco 1988

Walker, Barbara G.
>   *The Woman's Encyclopedia of Myths and Secrets,* HarperOne, New York 1983

Nachwort von Wolfgang Lucht

Wie werden künftige Generationen rückblickend den Charakter der heutigen Zeit beschreiben? Was werden sie sehen? Die eigene Periode zu verstehen, ist oft nicht leicht. Während für einige Probleme, vor allem auch im politischen Bereich, häufig schon in einer Zeit ein gutes Gefühl dafür besteht, wie sie zu beurteilen sein wird, zumindest bei einer Minderheit, gibt es immer wieder auch große Phänomene, für welche eine Zeit relativ blind ist. Erst rückblickend wird offenbar, welche Chancen verpasst und welche Notwendigkeiten ignoriert wurden.

Ona Radtkes leidenschaftliches Buch weist erneut auf ein Problem hin, das zwar bekannt, aber in der generellen Wahrnehmung nicht als eines der zentralen, über die Zukunft entscheidenden Probleme der Zeit erkannt wird. Die enorme Zunahme der Weltbevölkerung in den letzten Jahrzehnten und die Folgen, welche ihre Zahl für den Zustand der Gesellschaften der Erde und den einzelnen Menschen hat, sind sein Anliegen. Die Situation ähnelt ein wenig jener Kassandras, welche inständig darum bat, das Pferd der Griechen nicht in die Stadt zu bringen, jedoch kein Gehör fand. Der Blick der Zeitgenossen war zu sehr auf das Unmittelbare gerichtet.

Die Welt erlebt eine Periode tiefgreifender Veränderungen in ihrer Umwelt und den auf ihr lebenden Gesellschaften. Durch das Handeln der Menschheit verändert sich das Antlitz der Erde: ihre Polkappen schmelzen, ihre Wälder werden noch immer zunehmend in Agrarlandschaften umgewandelt, ein erhebliches Artensterben findet statt, die Meere sind nahezu leergefischt und die mittlere Temperatur der Erde beginnt zu steigen. Die Zahl der Menschen, welche auf der Erde wirtschaften, wird sich 2050 in nur hundert Jahren verdreifacht haben, während Kommunikation und Handel sich globalisieren und neue Techniken völlig neue Möglichkeiten, aber auch Gefahren mit sich bringen. Gleichzeitig bleiben große Teile der Welt in Armut, Unfreiheit und schwierige Lebensbedingungen verstrickt.

Mehr denn je ist es notwendig, mit freiem Kopf darüber nachzudenken, was die Zeichen der Zeit sind, um nicht blind in die Folgen dieser Entwicklungen zu laufen. Ona Radtke tut es in Form eines leidenschaftlichen Aufrufs. Ausgehend von seiner

Sorge über die schnelle Zunahme der Weltbevölkerung, geht er in seinem Text weit darüber hinaus. Indem er die Wirkungen der Bevölkerungszahl auf die sozialen Verhältnisse sowohl der Gesellschaft als auch des Einzelnen durchdenkt, entsteht nicht weniger als der Umriss einer denkbaren, umfassenden Kulturtheorie des Menschen. Diese ist für ihn nicht abstrakt, sondern lebt in Fragen des Wohlseins der Menschen, des Respekts vor der Umwelt und in Fragen nach den Ursachen von Macht, Verhältnismäßigkeit, Gerechtigkeit und Frieden.

Ausgangspunkt seiner Überlegungen ist zunächst die Zahl der Menschen, welche heute leben. Im gerade beendeten Jahr 2011 wurde die Zahl von sieben Milliarden auf der Erde gleichzeitig lebenden Menschen erreicht. Nur 61 Jahre zuvor, 1950, waren es nicht mehr als 2,5 Milliarden. Noch 1800 lebte weniger als eine Milliarde Menschen auf der Erde, während es in der Vorgeschichte weniger als eine Million waren. Die siebte Milliarde kam zur sechsten in nur kurzen 12 Jahren hinzu.

Mexiko hatte im Jahre 1950 noch 26 Millionen Einwohner, heute sind es 113 Millionen. Kenia hatte im Jahre 1950 lediglich knapp über 6 Millionen Einwohner, heute sind es 41 Millionen, wovon 10 Millionen alleine im letzten Jahrzehnt hinzukamen. Die Einwohnerzahl Guatemalas, der gewählten Heimat Ona Radtkes, hat sich seit 1960, also in einer Lebenszeit, von 4 Millionen auf heute 13 Millionen mehr als verdreifacht. In China und Indien leben alleine je mehr als eine Milliarde Menschen.

Glücklicherweise sinkt die Geburtenrate in vielen Ländern, so dass eine Stabilisierung möglich erscheint. Bis zur Mitte dieses Jahrhunderts wird aber die Zahl von 9 Milliarden dann weltweit lebender Menschen erreicht werden: in nur 38 weiteren Jahren nochmals zwei Milliarden mehr als heute.

Bereits vor 200 Jahren argumentierte der dafür berühmte Thomas Malthus, dass rasantes Bevölkerungswachstum notwendigerweise die Zunahme landwirtschaftlicher Produktivität übersteigen und elende Not die Folge sein werde. Die enorme Leistungssteigerungen der Landwirtschaft durch moderne Technik im 19. Jahrhundert konnte er nicht vorhersehen. Breit diskutiert wurde 1968 das populäre Buch von Paul und Anne Ehrlich „The Population Bomb", welches für die nähere Zukunft große Hungersnöte mit weitreichenden Folgen vorhersah: eine weitere Steigerung der Versorgung mit Umweltgütern, vor allem auch der Landwirtschaft, sei nicht problemlos und werde bei fehlender Geburtenkontrolle an akute Grenzen stoßen. Sinkende Rohstoffpreise bis zum Ende des Jahrhunderts schienen jedoch in den nachfolgenden drei Jahrzehnten diese Überlegungen ad absurdum zu führen und das Gegenteil zu belegen: kontinuierliches, starkes Wachstum schien möglich.

Dass dabei die Welt längst auf Kredit zu leben begann und dieser Umweltkredit nicht beliebig überziehbar ist, sondern zum Kollaps führt, wurde und wird bis heute dabei geflissentlich übersehen. Ein Teil der Menschen auf der Erde verbraucht durch materialintensive Lebensweisen mehr, als der Planet nachhaltig zur Verfügung stellt, und diese Tendenz verschärft sich mit jedem Jahrzehnt. In den letzten zehn Jahren stiegen die Rohstoffpreise wieder rasant an. Schon 1972 befand der Club of Rome in seinem berühmt gewordenen Bericht „Die Grenzen des Wachstums", dass ein Zusammenbruch des materiellen Wachstums der Gesellschaften der Erde irgendwann im 21. Jahrhundert unvermeidlich und alleine durch technologische Effizienz nicht abzuwenden sei.

Die Versprechungen der derzeitigen öffentlichen Diskussion beruhen dagegen weiterhin darauf, dass neue Techniken auch diesmal Lösungen bringen und die befürchteten Krisen erneut vermieden werden, als ob es keine planetaren Grenzen gebe und menschlicher Erfindergeist Umweltressourcen vermehren könne. Erst in der neueren wissenschaftlichen Diskussion um Klimawandel, globalen Wandel und Nachhaltigkeit werden diese Denkrichtungen wieder aufgegriffen und als die große, zentrale Herausforderung der Zeit begriffen. Allgemein wird jedoch weithin die Illusion genährt, dass Nachhaltigkeit in den Lebensweisen ohne tiefgreifende Umbrüche in den Lebensweisen zu erzielen sei. Von planetaren Grenzen und den gesellschaftlichen Folgen materiell intensiver Lebensweisen wird nicht ernsthaft genug gesprochen.

Ona Radtke sieht dies alles und weiß es, und weist mit Nachdruck darauf hin. Ihn treibt die Sorge um, dass bereits Jahrzehnte verloren wurden, in welchen die Gesellschaften sich in trügerischer Sicherheit wogen, obwohl die Zeichen der Zeit überall abzulesen waren, wenn man nur hinsehen wollte. Und in dieser geschichtlichen Landschaft setzt er nun unbelastet und frisch mit seiner Schrift an, die ein großer Aufruf ist, ein Manifest.

Er behandelt das Problem der Zahl, jedoch geht er darüber in bedeutsamer Weise hinaus. Mit großer Klarheit sieht er, dass es um mehr geht als nur um die Zahl: es geht um die Folgen der Zahl für die Strukturen der Gesellschaften und für die Lebens- und Denkbedingungen des Einzelnen in den Gesellschaften. Es geht deshalb im Kern um nicht weniger als den Versuch einer Neubestimmung der Verhältnisse der Menschen mit sich, miteinander und mit ihrer Umwelt. Es geht um die Verbindung des Einzelnen mit der Welt, welche unter den Bedingungen der Zahl nur bestimmte Formen annehmen kann, die entstellend wirken.

Dass Glück nicht mit Wohlstand korreliert ist, weiß er aus eigener Anschauung, auch dass es Lebenswirklichkeiten, Lebensmöglichkeiten gibt, die sich im konkreten eigenen Erleben anders darstellen, als man zuvor vielleicht dachte. Darin besteht der Spielraum. Er weiß, dass außer dem Glanz eines gutgelaunten Morgens sowohl in den reichen als auch in den armen Gesellschaften tiefer Schatten in den Zuständen liegt und die Krise der Verhältnisse sich überall in solchen Entstellungen äußert.

In besonders interessanter Literatur zur Frühgeschichte des Menschen wird derzeit versuchsweise postuliert, dass Veränderungen in der Bevölkerungsdichte zu den Innovationsschüben und neuen Lebensweisen geführt haben könnten, welche wir als oberpaläolithische Revolution kennen. Die Argumente der dänischen Agrarökonomin Ester Boserup aus den 1960er Jahren, dass der Übergang zum Neolithikum und die nachfolgenden wichtigen Transformationen in der Bewirtschaftungsweise des Landes bis heute eine Folge wachsender Nachfrage waren, statt umgekehrt die Bevölkerungszunahme als Folge von Innovationen zu sehen, werden erneut wahrgenommen, doch noch immer nur fragmentarisch aufgegriffen. Aber in beiden Fällen wird die Bevölkerungszahl zum Triebmotor der gesellschaftlichen Entwicklung.

Ona Radtke folgert aus seinem Studium des Problems und der Erfahrungen seines eigenen Lebens, dass das Bevölkerungsproblem Auswirkungen auf alle wichtigen Bereiche menschlichen Lebens hat. In der Zahl der Menschen sieht er einen grundsätzlichen Antrieb für die technische, kulturelle und soziale Entwicklung in den Gesellschaften des Menschen seit dem Ende der Eiszeit. Er verfolgt diesen Gedanken grundsätzlich: die wachsende Bevölkerungszahl führt zu Innovation, Gesellschafts- und Kulturentwicklung ebenso wie zu den dazugehörigen Persönlichkeitsstrukturen und Verwerfungen. Diese äußern sich als Raubbau gegenüber der Natur, Unfrieden unter sozialen Gruppen und Staaten, in der Gewalt der Geschlechterverhältnisse und einer Armut der geistigen Beziehung des Menschen zu sich selbst, zu anderen und der Welt. Verzerrungen in den Verhältnissen der Menschen untereinander sind für ihn ebenso signifikant wie jene im Verhältnis zur Natur. Es besteht ein tiefgreifendes Problem in unserer Zeit, welches notwendigerweise aus der Zahl entsteht.

Dabei ist „Enge" bei Ona Radtke nicht vor allem räumlich gemeint – hohe Bevölkerungsdichten sind möglich; die Enge, welche er diagnostiziert, ist die Enge der gesellschaftlichen Verhältnisse, zu welchen die Zahl führt – moderne, verdichtete Großstädte und dicht bevölkerte Landschaften sind unmöglich ohne hierarchische, materialverbrauchende, politisch durchstrukturierte soziale Verhältnisse, welche durch Macht, Ungleichheit und Zugangsunterschiede zu Entstellungen der Seele führen.

So entwickelt Ona Radtke in seinem Aufsatz nicht nur die Bevölkerungsproblematik, wie er sie versteht, sondern ebenso die Umrisse einer Kultur-, Zivilisations- und Persönlichkeitstheorie. Es geht darum, dass der Zusammenhang zwischen verdrängten Gefühlen der Unfreiheit und der spirituellen Verarmung als Folge der Bevölkerungsentwicklung durchdacht werden können. So wird sein Aufruf zu einer Wende bei der Bevölkerungszahl zu einem Aufruf auch zur seelischen Erneuerung des einzelnen Menschen, zur Befreiung aus seinen Verhältnissen durch Selbsterneuerung.

Es geht aber nicht um Pessimismus oder Denken in Katastrophen, wenn an eine Zivilisationskrise der gegenwärtigen gesellschaftlichen Verfahrensweisen gedacht wird. Der Mensch kann sich selbst wieder finden in der Welt. Dies kann im tiefsten Grund nicht gelingen ohne eine Wiederbeheimatung in einer geistigen Einstellung, welche den Menschen als Wesen und Körper in einem kreativen Frieden mit der

Welt denkt. Im öffentlichen Raum besteht insgesamt die Chance, dass aus der globalen Krise ein neues Selbstverständnis für den Ort des Menschen auf der Erde entsteht, eine neue Form globaler Zivilgesellschaft und ein neues Verhältnis zur Natur, in der wir uns vorfinden.

Krisenzeiten sind immer auch eine Chance. Zukunft kann gewonnen werden, wenn die Menschen durch Nachdenken und wachsendes Verstehen ihre Situation klarer erkennen. Menschen können verstehen und handeln. Die sichtbar gewordenen planetaren und gesellschaftlichen Grenzen können zu einer Wegwende führen.

Dass dieser Text als Fragment vorliegt, weil Ona Radtke während des Schreibens zu früh vom Tod überrascht wurde, muss man dabei in keiner Weise als Verlust sehen. Es gibt für diese Probleme keine verbindliche, abgeschlossene Darstellungsmöglichkeit. Im Prozess der stetigen Neubestimmung in einer Welt sehr vieler verschiedener Lebenswirklichkeiten kann es am Ende immer wieder nur tiefgreifende, enorm bedeutungsvolle, aber eben fragmentarische Ansätze geben. Eine volle Ausformulierung wäre nur scheinbar komplett und wäre wahrscheinlich angreifbarer als das Fragmentarische eines Aufrufs aus dem Leben heraus.

Spätestens seit Hölderlin, der mit seinem eigenen Versuch einer Welterklärung kämpfte, kann die bedeutungsvolle Offenheit inhaltsreicher Fragmente als eigene, legitime, vollendete, unvermeidliche, ja notwendige Form verstanden werden. Nicht umsonst sind in der zeitgenössischen Kunst die Kollage, das Umreißen und das Zusammenstellen von Fragmenten Kernelemente des Ausdrucks. Man sieht es in Fernsehschnitten, der Werbung, dem Internet, der Kunst und nicht zuletzt in den großen Kollagen der Politik und der Wissenschaft. Wissen ist und bleibt ebenso fragmentarisch wie die Selbstdeutung des eigenen Lebens.

Der immer wieder neue Prozess der Selbstbestimmung erfordert ein dynamisches Einlassen auf diese fragmentarischen Zusammenhänge. Die Struktur der Welt wird auch aus diesen, vielleicht sogar nur aus diesen sichtbar. Das vollendete Ganze wäre ebenso fragwürdig rudimentär wie scheinbar das Fragmentarische es ist. So ist ein fragmentarischer Text wie dieser, der auf diese Weise auch unvermittelt das konkrete Lebensschicksal von Ona Radtke widerspiegelt, die notwendige Form. Ona Radtkes Manifest ist als Fragment vollständig. Es ist ein Produkt eines Lebens in einer vielfältig geschichteten Zeit überlappender Deutungen und Realitäten, die gelebt wurden.

Was wichtig ist, steht darin, aber es bleibt nicht nur Authentizität, sondern Raum für die Ausgestaltung. Der fragmentarische Text erlaubt den Möglichkeiten des Lesers, sich zu engagieren, einen Raum. Die grundlegenden Thesen sind im Kern mehr als klar. Und dann ist es ebenso überzeugend, ja notwendig, dass der Text sich in drei Teilen entwickelt: zunächst als geordnete Aufarbeitung einer Problematik, dann als fragmentarisch werdende Sammlung wichtiger, grundlegender Aspekte, von denen nicht alle ausgearbeitet sind, und schließlich als leidenschaftlicher Aufruf zum Nachdenken und Besinnen.

Nur ein Aufruf kann sich an die Menschen richten, ihre Erneuerung von innen heraus zu beginnen. Die Gestalt der Zukunft hängt davon ab.

Über den Autor:

Wolfgang Lucht, Professor für Nachhaltigkeitswissenschaft, Potsdam-Institut für Klimafolgenforschung und Geographisches Institut, Humboldt-Universität zu Berlin. Koautor der Weltklimaberichte der Vereinten Nationen (IPCC).

Lebensdaten von Ona Radtke

3. Sept. 1952   geboren in Berlin als Pfarrerssohn einer Familie mit 3 Kindern und Großmutter, getauft auf die Namen Andreas Christoph Walter Radtke

Kindheitsfoto von Ona mit seinen Eltern und Geschwistern 1955
v.l.n.r.: Hans, Christine, Andreas (Ona), Heinrich und Theodore

Jan. 1972   Abitur am Evangelischen Gymnasium zum Grauen Kloster

1972   TU Berlin Maschinenbaustudium

Feb. 1973	Beendet Maschinenbaustudium, als Praktikant bei AEG: „Unter den Arbeitern und Arbeiterjugendlichen fühle ich mich stets wohler als unter den Ingenieuren und anderen Fabrikintellektuellen."
Okt. 1973	Feinmechanikerlehre bei Astro für 2,5 Jahre
Mai 1975 – Mai 1980	Arbeit bei verschiedenen Firmen in Berlin: AEG Brunnenstraße; Daimler Benz in Marienfelde als Scharfschleifer; Löwe in Moabit Huttenstraße als Versuchsmechaniker für Sinterteile; Frankotyp als Akkordarbeiter und Werkzeugausgeber; Berthold in Kreuzberg als Endjusteur
Juli 1978	Algerienreise mit Motorrad mit Freund/innen
Aug. 1979 – 1980	Kalabrienreise, Toscana, Norwegen, Portugal, Marokko, Spanien, Frankreich, Schweiz
Okt.1980 – 8.3.1981	In Santiago de Chile versucht er mit einem Freund vergeblich, bei der „Fundación Missio" unter Schwester Karoline Mayer in einem Armenviertel eine Ausbildungswerkstatt zu errichten.
Jan. 1982	Er lernt Ursula kennen Mit seiner Freundin Ursula bereist er für 9 Jahre viele Länder, zunächst in Mittel- und Südamerika.
Nov. 1983 – Apr. '85	Kuba; Mexiko: Tapachula, Zipolite; Honduras; Nicaragua; Panama; Kolumbien; Ecuador: Quito; Peru: Titicacasee; Kolumbien: Lago de Calillal; Argentinien: Mendoza, Neuquén, Bariloche; Brasilien: Foz de Iguazú; Peru: Cuzco, Arequipa, Lima.
Mai 1985 – Aug. '86	In Europa bereisen sie die südlichen Länder, Italien: Presicce; Südfrankreich; Nordspanien; Norditalien; Griechenland: Athen, Thessaloniki, Peloponnes; Spanien; Portugal; Südfrankreich.

Okt. 1986 – April '87	Indien: Neu Delhi, Bombay, Sraranabelagola, beim Papst der Jains, Trivandrum (Südindien); Sri Lanka: Colomba; Thailand: Bangkok, Khao Sun Street; Malaysia; Indonesien, Sumatra, am Lake Maninja, Jakarta, Java, Timor Timur (Ost-Timor)
Mai 1987	Australien, Darwin, trampen 9 Tage durch die Wüste, Shadbroke Island, Toowcomba
	Gympie: Bohnenpflücken,
Juli 1987	Townsville,
Sept. 1987	Toowoomb
Okt. 1987 – Mai '88	Neuseeland: Auckland, Erdbeerpflücken, wandern an die Ostküste, Cape Runaway, Kirschenernte im Akkord bis 24.12, Fasten bei Cromwell, Birnenernte,
	Apfelernte bei Lu Burns, zum Lake Waikaremoana, Apfelernte
1988 – 1991	Sie leben im Winter in Mexiko, arbeiten im Sommer auf Bio-Farmen in Kanada
1992	Ende der langjährigen Beziehung mit Ursula
1993	Ona läßt sich in Guatemala nieder, er ist mittlerweile vom Vegetarier zum Rohköstler geworden, fängt an zu bauen, und ändert seinen Namen auch amtlich zunächst in Ona und später in Ona Radtke Senfft von Pilsach, so wie es in lateinamerikanischen Ländern üblich ist, Vater- und Mutternamen zu tragen.
2007	Er lernt seine indische Freundin Sonera kennen.
30. Okt. 2009	Lebensende in Guatemala Stadt

Gegen Ende seines Lebens hat Ona insgesamt mehr als 65 Länder bereist, darunter auch Papua Neuguinea (2007), Lettland und Litauen 2008, und er hat auch fast jedes Jahr seine Familie und seine Freunde in Deutschland besucht.

Ona hat auch während seiner Reisen geschrieben, unter anderem ein Theaterstück mit dem Titel „Kinderkrieger", verschiedene Gedichte und eine Kritik zu Karl Marx, weil dieser bei der Beschreibung der urspünglichen Akkumulation des Kapitals die Ausplünderung der eroberten Länder, insbesondere Lateinamerikas, nicht in Rechnung gestellt hat, sondern sie allein der Ausbeutung der europäischen Arbeiter zuschrieb.

INTERVIEW MIT ONA RADTKE

Auszüge aus einem Interview mit Ona Radtke, 2008 von Fritz Ofner

Ich habe zuerst einmal biographische Fragen. Seit wann bist Du hier, wieso bist Du hergekommen, was hat Dich hierher gebracht, was machst Du hier?

Ona: Also ich lebe hier, habe hier meinen Hauptwohnsitz seit etwas über 15 Jahren und bin 1983 das erste Mal hergekommen. Das war mein drittes lateinamerikanisches Land auf einer neunjährigen Reise, ich war damals mit meiner Freundin unterwegs und es hat mir super gut gefallen, und dann bin ich danach immer wieder hergekommen, also erst nicht – es war damals Bürgerkrieg, wobei man hier vom Bürgerkrieg gar nicht so viel mitbekommen hat; also schon – man merkte es, aber hier war es eher ruhig. Und dann, als wir wieder draußen waren, man lässt sich ja mal sehr leicht beeinflussen von den Medien, dann hieß es halt: „Oh, da werden Leute umgebracht und so...", da sind wir mal etliche Jahre nicht hergekommen und dann regelmäßig wieder, und als ich dann des dauernden Reisens etwas müde wurde, hab ich gedacht, naja, mach ich mir hier mal so'n Basislager. So, und das ist es.

Du hast mir gestern erzählt, welches die Gründe für Dich waren wegzugehen, eine gewisse Angespanntheit, eine gewisse Engstirnigkeit... Vielleicht kannst Du darauf eingehen, welches die Gründe waren, nicht dazubleiben, wo Du geboren wurdest, sondern ganz woanders hinzugehen, in ein anderes Land und wieso nach San Pedro?

Ona: Naja, die Gründe – ich hab Dir ja erzählt, vor fast 30 Jahren war ich mal länger in Südamerika, und nach sieben Monaten kam ich dann wieder nachhaus und ich hab irgendwie die Welt nicht mehr verstanden, ich hab mich nie wieder wirklich zuhause gefühlt, ja ich hab angefangen, mich in der Fremde wohler zu fühlen als zuhaus, sagen wir mal so. Und ich konnte vor allen Dingen nicht verstehen, warum die relativ wohlsituierten Deutschen irgendwie so viel unfröhlicher wirken, freudloser wirken als viele Menschen, die ich selbst in Slums in Santiago de Chile oder so kennengelernt hatte, die lachen konnten, obwohl sie sehr wenig zu essen hatten, aber irgendwie so eine andere Grundausstrahlung. Und dann hab ich eben ein paar Jahre versucht, da nochmal Fuß zu fassen, aber irgendwie ist es mir nicht gelungen, ich bin auch mit meinen Freunden nicht mehr so wirklich nahe geworden. Dann bin ich halt lange gereist, und dann war mir außerdem auch klar, dass ich, wenn's geht, nicht wieder in einem Land wohnen möchte, wo es einen langen Winter hat, und es gefällt mir hier gut, das Klima ist immer eher warm, tagsüber ist es immer warm, das Kälteste, was wir hier haben in einer Winternacht, sind neun Grad, aber meistens sind es 14, 15 Grad und tagsüber 20, 25 bis in die hohen Zwanziger. Das sind alles Gründe, warum ich gerne hier lebe. Der See ist sehr schön, ich mag die Leute auch, sie sind irgendwie immer noch sehr freundlich, obwohl sie auch viel Freundlichkeit schon verloren haben. Aber gut, die ganze Welt wird angespannter, wird irgendwie griesgrämiger, bitterer, und das merkt man auch hier, und trotzdem sind sie im Vergleich hier immer noch etwas fröhlicher.

Du kennst das auch schon seit längerer Zeit, wie würdest Du das Zusammenleben beschreiben von Indígenas und Extranjeros oder Zugrasten, wie man in Wien sagen würde?

Ona: Die Zugrasten? (Lachen) Also hier im Ort empfinde ich es noch, verglichen mit allen anderen Orten, wo Ausländer leben, am angenehmsten. In manchen Orten hast Du mehr so eine Situation wie, naja, die Indígenas sind irgendwie die Hausangestellten oder Gärtner oder irgendetwas, und sonst ist eher wenig Kontakt da. Und hier, gut, hier ist es etwas unterschiedlich, in den letzten Jahren hat die Ausländerbevölkerung massiv zugenommen. Wir sind, glaube ich, jetzt ungefähr 120 Ausländer, die hier dauerhaft leben, vor vier Jahren waren es vielleicht 60, und da haben sich natürlich dann auch vielleicht die Kontakte ein bisschen verändert. Also es sind auch heute mehr Leute da, die vielleicht nur an Parties interessiert sind, obwohl das immer schon eine Sache war, dass Leute herkamen auch wegen billiger unkontrollierter Drogen und so weiter, aber es gibt dann auch eine Reihe Ausländer, die sehr viel Kontakt mit Einheimischen haben, und etliche haben sich auch mit Einheimischen verheiratet. Insgesamt empfinde ich die Mischung angenehm.

Was machst Du hier, um Dir Deinen Lebensunterhalt zu verdienen?

Oben: Ursula und Ona in Mexiko 1990
Unten: Frauen waschen am See 1999

Ona: Du, verschiedene Sachen. Also ich habe zwei Häuser, die ich vermiete, ich habe einen großen Garten, wo ich mir einen Teil meiner Nahrungsmittel selbst anbaue, also vor allen Dingen viele Früchte. Ich hab alles Mögliche gemacht, also Übersetzungen, Massagen, Naturheilkundler... Also es kommen immer wieder Leute her, die Warzen haben, denen ich dann ihre Warzen wegmache oder so andere, sage ich mal, psychosomatische Geschichten. Manchmal bin ich ein Grundstücksmakler oder ein Bauunternehmer oder war schon Elektriker, Mechaniker, Tischler, Zimmermann, Gärtner, alles Mögliche, was so anfällt. Ich habe mir ziemlich viele Fähigkeiten im Laufe der Jahre angeeignet und dadurch wird mein Leben eigentlich nie langweilig.

Erzähl uns doch etwas zu Deinem Haus. Vielleicht können wir noch ein paar Aufnahmen machen – es ist ja schon sehr speziell... Hast Du Dir dieses Design und die Architektur selbst ausgedacht? Hast Du selber gebaut? Und die Idee ist ja, autark zu sein, mit eigenem Brunnen...?

Ona: Ja, um autark zu sein, müsste man viel mehr Land haben und viel weniger Leute, so prinzipiell, aber sagen wir mal so, ich ess gerne biologisch Angebautes, und die Einheimischen legen da prinzipiell wenig Wert drauf. Unter vielen Ausländern ist kein entwickeltes Bewusstsein, also es ist ein Grund dafür. Und natürlich ist es schön, eine Papaya selbst zu pflücken und zu essen und so und nicht irgendwas kaufen zu müssen, was gespritzt wurde. Ja, mein Haus – also ich lieb organische Formen, ich mag rechte Winkel nicht, also gut, ich hab jetzt auch nichts gegen rechte Winkel, aber so in der normalen Baukunst, wo alles rechtwinklig gebaut wird, das empfinde ich als hart, und ich fühle mich wohler in einer höhlenartigen Konstruktion, die möglichst viele runde Ecken hat, also runde Geschichten aufweist.

Wir haben ja gestern über die philosophischen und psychologischen Konzepte geredet, für die Du Dich interessierst, über Wilhelm Reich. Vielleicht kannst Du mal sagen, was für Dich die Faszination dieser Schule ausmacht?

Ona: Das Denken von Reich? Das war ein super sensibler und super intelligenter Mann, der leider seiner Zeit sehr weit voraus war, der sehr wichtige Entdeckungen gemacht hat, die man ihm bis heute nicht zuspricht. Man versucht, ihn irgendwie zu

Oben: Gudelias Familie und Onas Mutter Theodore bei ihrem ersten Besuch 1995
Unten: Zeit zum Plaudern... mit Gudelia, Delia und Teresa 1999

Oben: Birgit, Ona, David und Roman 1999
Unten: Ona in seinem Haus, auch hier hat er sein Buch geschrieben

ignorieren und zu verteufeln, aber wenn man sich mit ihm auseinandersetzt, muss man ihm Recht geben. Das ist so, wie bei der katholischen Kirche oder bei der kommunistischen Partei: Was außerhalb des engstirnigen Dogmas liegt, das darf es nicht geben. Und für mich ist seine, ja, seine größte Entdeckung die Entdeckung der Lebensenergie, des Orgons, was andere Kulturen seit Jahrtausenden kennen, Chi, Prana in Japan, China, Indien, was man ja sogar im Westen in Form von Akupunktur mittlerweile offiziell anwendet, aber man versucht sich dann immer selbst zu betrügen und sagt, nee, das hat ja mit Lebensenergie nichts zu tun. Da ist viel Konfusion. Also mir selbst hat er sehr stark geholfen, mein Menschenbild zu verbessern, also mich selbst und meine Mitmenschen in ihrem Verhalten zu verstehen, und durch diese Entdeckung der Lebensenergie für mich selbst hat sich für mich einfach eine ganz neue Dimension aufgetan.

Wie funktioniert der Orgonakkumulator?

Ona: Wie er funktioniert? Man setzt sich rein und lässt ihn wirken. Also Wilhelm Reich hat einfach durch seine Experimente mehr oder weniger zufällig versucht, lebendige Zellkulturen zu entwickeln und hat dann irgendwann festgestellt, dass eine Kultur irgendeine Strahlung aufwies. Also er war ein sehr sensibler Mann, und dann hat er gedacht: Na, wo kann die Strahlung herkommen? Und wollte die abschirmen, und hat seinen Keller, in dem er arbeitete, mit Metall ausgeschlagen, weil er dachte, wenn es elektrische Strahlung ist, dann bleibt die draußen. Und das Resultat war, dass die Strahlung verstärkt wurde, weil er unwissentlich den ersten Orgonakkumulator gebaut hatte. Ein Orgonakkumulator ist ein Schichtsystem von einer Eisenmetallschicht und einer organischen Schicht, und auf der Seite der Eisenmetallschicht konzentriert sich das Orgon. Und man kann das dann staffeln und damit verstärken und sozusagen die Lebensenergie darin akkumulieren oder konzentrieren.

Und benutzt Du den öfters?

Ona: Immer wieder. Ich hatte jetzt gerad den Unfall, da hat es mir geholfen.

Das heißt, Du benutzt das auch für Deine Bioenergiearbeit am eigenen Körper?

Ona: Ja, ganz sicher, als ich anfing, mich mit Reich zu beschäftigen, hab ich auch Aikido gelernt und bin dadurch zu Kijatzu gekommen, was 'ne Variante von Shiatzu ist, ähnlich dem Reiki, und da hab ich gelernt, selbst diese Lebensenergie zu kanalisieren und anzuwenden und damit auch bei anderen Menschen heilend wirksam zu werden. Und das kann ich dann auch bei mir selbst für Selbstheilung anwenden.

Vielleicht nochmal zurück zum Ort San Pedro... Was macht San Pedro so speziell, wieso wirkt es so anziehend auf so viele, so bunte Leute, so verschiedenartige Leute?

Ona: Ganz gemischte Motive. Früher, als es noch mehr Travellers gab, war es einfach ein Ort mit einer anderen Kultur, einer sehr ruhigen Kultur, sehr freundliche Menschen. Es gab ja, als ich das erste Mal hierher kam, keine Autos, keine Mopeds, keine Fahrräder. Die Leute hatten Radios und nicht mal Fernseher, und es gab von Pana hierher ein Boot in der Woche, und da musste man dann pünktlich sein, wenn man nach Pana wollte und am gleichen Tag wieder zurück. Sonst kam man hier nicht wirklich weg, also gut, man konnte dann irgendwie ein Kajuko mieten und sich rüberrudern lassen, aber sowas hab ich nie gemacht. Diese Ruhe zieht viele Leute an. Dann ist es aber auch so, dass Leute herkommen, weil es hier Drogen gibt und leider, weil sie die relativ ungestört hier konsumieren können, also wir hatten auch einige Todesopfer wegen Überdosis von Heroin oder irgendso'm Zeug. Es kommen dann aber auch Leute, um hier Spanisch zu lernen, also es gibt mittlerweile 15 Spanischschulen. Das hat die Touri-Szene ziemlich verändert, also bevor das anfing mit der Sprachschulenszene, waren leider 90% der Ausländer hier nur auf heftigen Drogen. Ja, und es hat sich seitdem verändert, also es gibt mehr so ein Mischbild, und, gut, die Sprachtouristen, die rauchen vielleicht auch mal einen Joint oder sowas, aber es ist nicht diese heftige Selbstvergiftung, die einige hier zutage legen. Dann gibt es auch Leute, die kommen her, um zu weben oder sie verlieben sich und bleiben hier, es gibt auch Leute aus den USA, die laufen den ganzen Tag rum und schauen sich die vielen Vögel durch Ferngläser an, also es gibt ganz viele verschiedene Motivationslagen.

Wieviele Kirchen gibt es da? Sind es nicht an die 20 Kirchen, die katholische eingeschlossen? Aber die sind doch erst in den letzten Jahren rausgeschossen, oder?

Oben: Ona über sein selbstgebautes Haus mit eigenem Brunnen: „Ich mag organische Formen..."
Unten: Ona pflanzt einen selbst gezogenen Sprössling in seinen Garten

Oben: Agapito, der sich für Fußball begeistert, mit seinem großen Freund (2000)
Unten: Sonera und Ona 2009

Ona: Nee, nee, die evangelischen Kirchen haben hier 'ne Geschichte, die geht, glaube ich, über fünfzig Jahre zurück. Ja, gut, dass die jetzt so große, teilweise riesige Kirchenhäuser haben, das ist teilweise neueren Datums, aber die werden dann auch oft finanziert aus dem Ausland, also die Bethel-Kirche zum Beispiel ist aus Alaska finanziert von einer evangelischen Gruppe, und die verbinden sich dann mit anderen Kirchen international, und dann fließt da Geld, und es macht dann natürlich auch die Pastoren mächtig, und, gut – dann gibt es Machtpolitik, wie man es überall kennt.

Ich hab gehört, Deine Mutter kommt immer mal wieder zu Besuch?

Ona: Ja, die kommt so einmal im Jahr zur Zeit.

Und wie gefällt's ihr hier?

Ona: Super.

Ist sie stolz auf ihren Sohn?

Ona: Sie liebt ihren Sohn. Ob sie stolz ist, könnt ich gar nicht so sagen. Aber sie liebt es auch, sie kommt immer im Winter, dann entflieht sie dem grauen Berlin, bleibt hier, die letzten Male war sie fünf, sechs Wochen da, davor immer 'n Monat, ja, gefällt ihr gut, sagen wir mal so, sie versteht ihren Sohn, warum es ihm hier gefällt.

Hast Du eigentlich auch Familie, so Kinder, oder?

Ona: Nee, Kinder hab ich nicht, hab mich nie reproduziert, mir war auch ab meiner Pubertät die Welt immer zu voll, und sie ist ja heute noch viel voller und angespannter, und ich bin irgendwie froh, dass ich keine Kinder habe. Also auf eine Art empfinde ich Leben... – also, ein Kind zu machen, ist auch eine Art Zumutung, weil ich ja einem anderen Lebewesen zumute, sein ganzes Leben unter diesen Bedingungen der Umweltbelastung, was weiß ich, mögliche Atomkriege und so weiter zu verbringen. Deswegen hab ich mich nicht reproduziert.

Das ist ja fast eine pessimistische Weltsicht?!

Ona: Nee, ich würde sie eher realistisch nennen, also ich bin nicht so der große Typ der Verdrängung, also der Verdränger, obwohl, ich mein', also jeder Mensch verdrängt, anders hältst Du's ja gar nicht aus, aber nee, ich denk mehr, ich bin Realist und ich würde es gerne sehen, wenn die Menschen kapieren würden, dass wir besser miteinander leben, wenn wir weniger sind, ja, aber gut, das teilen nicht viele meiner Mitmenschen, vor allem hier nicht, die machen ja Kinder ohne Ende.

Der geringfügig bearbeitete Text stammt aus einem Video-Interview, das der Dokumentar-Filmer Fritz Ofner mit Ona 2008 erstellte. Fritz Ofner ist zu erreichen über die *FreibeuterFilm KG* in Wien. Webadresse: www.freibeuterfilm.at.

Oben: Markt in San Pedro, Ona 2008
Unten: Mädchen auf dem Markt, Ona 2008

Oben: Mutter und Kind von Ona fotografiert
Unten: Hanna und Ona, 1999

Oben: Chente und Ona 2008
Unten: Thorben und Ona warten mit Frauen des Dorfes
auf die Eröffnung einer Schule in San Pedro 2003

Oben: Ona gratuliert Mama Theodore zum 85. Geburtstag

Unten: Theodore, Jan, Hanna, Christine, Lisa-Marie, Ona, Nora, Paul, Heiner und Birgit 2003

Oben: Nora, Maria, Hanna, Lisa-Marie, Roman, Birgit und Ona auf dem Pick-Up 1999
Unten: Theodore, Ona, Lisa-Marie und Christine 1999

Oben: Ona in Tansania 1998
Unten: Kinder in Papua Neuguinea 2007

Ona in Papua Neuguinea 2007